日英仏　日本拳法の基本習得教書
―日本拳法に学ぶリスクマネジメント―

Basic techniques of Nippon Kempô
Nippon Kempô and Risk Management

Techniques de base du Nippon Kempô
Nippon Kempô et Gestion des Risques

亀井　克之 著
Katsuyuki Kamei

関西大学出版部
Kansai University Press

【本書は関西大学研究成果出版補助金規程による刊行】

Basic Techniques of Nippon Kempô
Risk Management Lesson Learned from Nippon Kempô

Nippon Kempô was created at Kansai University in 1932. Nippon Kempô began the practice of wearing protective gear for practicing and for actual combat in Japan. Kansai University, is also the home of the Japan Risk Management Society, which began in 1978. This is the first scientific organization in Japan that was dedicated to researching risk management in business administration with academic research.

This book links these two disciplines born in Kansai University and considers Nippon Kempô with risk management theories.

Part I, "*Nippon Kempô no Giho*, Basic Techniques of Nippon Kempô" refers to basic techniques in Nippon Kempô. This part is written in Japanese, English, and French. Every movement of *waza* is explained with attached pictures.

Part II, "Fundamentals of Risk Management" has two sections. The first section covers the basic concept in risk managements. "Nippon Kempô," which was published by the father of Nippon Kempô, Muneomi Sawayama, is described in the second section with views of risk management.

Nippon Kempô developed protective gears for practice. Wearing the protective gear has enabled players to practice freely while exchanging direct blows. This way of practicing without limits (ran-geiko) has helped to understand which punches are really dangerous and which techniques are really effective to protect oneself. Mastering the rules of Nippon Kempo promotes a greater awareness of safety issues and injury prevention.

Présentation générale du présent ouvrage

Techniques de base du Nippon Kempô
Les leçons du Nippon Kempô pour la gestion du risque

Le Nippon Kempô vit le jour à l'Université du Kansaï en 1932 : pour la première fois au Japon, un art martial en tenue de protection proposait un entraînement et des règles s'appliquant à des situations réelles de combat. L'Université du Kansaï est également le berceau de la Société japonaise de gestion du risque, créée en 1978. Première organisation scientifique au Japon spécialisée dans ce domaine, elle a encadré la recherche académique sur la gestion du risque en entreprise.

Reliant ces deux disciplines nées à l'Université du Kansaï, le présent ouvrage tente d'appliquer les résultats des théories de la gestion du risque au Nippon Kempô.

La première partie intitulée « Techniques de base du Nippon Kempô » consiste en un manuel des techniques de base du Nippon Kempô. Intégralement rédigé en japonais, anglais et français, il est illustré de photos commentées pour chaque mouvement.

La deuxième partie intitulée « Principes fondamentaux de la gestion du risque » comporte deux chapitres : le premier résume les concepts de base de la gestion du risque, et le second propose une analyse du *Nippon Kempô* rédigé par Muneomi Sawayama, père fondateur de cet art martial, en se plaçant du point de vue de la gestion du risque.

Le Nippon Kempô a conçu une tenue de protection, qui permet de s'entraîner librement, tout en échangeant des coups de poing sans retenue. Cette façon de s'exercer sans limites *(ran-geiko)* a permis de comprendre quels coups sont vraiment dangereux et quelles techniques sont vraiment efficaces pour se protéger. La maîtrise des règles du Nippon Kempô favorise une sensibilisation plus accrue aux enjeux de la sécurité et à la prévention des blessures.

本書の概要

　1932 年に関西大学で日本拳法は始まった。日本拳法は、日本で初めての防具着装による実戦の拳法として発展してきた。一方、1978 年に、関西大学で日本リスクマネジメント学会が創立された。日本リスクマネジメント学会は、日本で初めてのリスクマネジメントに関する学術的研究団体として、経営学としてのリスクマネジメント研究を発展させてきた。

　本書では、関西大学で生まれた日本拳法について、同じく関西大学で生まれたリスクマネジメント研究の成果に基づいて著述している。

　本書の第一部「日英仏　日本拳法の基本習得教書」では、日本拳法の基本的な技法について、すべて日本語、英語、フランス語 3 つの言語で記述した。1 つ 1 つの動きについて写真を付けて解説している。
　日本語の部分は、中学校の武道教育の副読本としての使用が可能となるように工夫している。そして、英語とフランス語の部分は、海外で、日本拳法を行っている人たちや、日本文化に関心がある人たちに役立つように記述した。

　本書の第二部は「リスクマネジメントの基礎理論」である。第一章「リスクとリスクマネジメント」でリスクマネジメントの基本的な考え方をまとめている。第二章「リスクマネジメント理論から見た日本拳法」では、日本拳法の創始者・澤山宗海の著書『日本拳法』について、リスクマネジメントの視点から解釈を加えている。ここでは、日本拳法を修行している人たちに、自分たちが日々鍛錬していることについて、こんな風にとらえることができるのか、こんな価値があるのか、という新しい気づきを促している。

　日本拳法では、防具を開発し、防具を着装することにより、自由に撃ち合う乱稽古が可能となった。自由に撃ち合う乱稽古によって、どんな技が本当に危険か、どの技が本当に役立つかを認識できるようになった。そして、実際に役に立つ拳法を修得すると同時に安全意識、危害予防意識が向上した。

推薦の辞

　社会安全学部教授亀井克之先生の著作『日英仏　日本拳法の基本習得教書—日本拳法に学ぶリスクマネジメント—』を、関西大学出版部から刊行するにあたり、推薦の言葉を申し述べる。

　1978年（昭和53年）に関西大学で日本リスクマネジメント学会が設立されたときに、日本のリスクマネジメント研究は本格的に開始された。つまり、日本のリスクマネジメント研究は、関西大学が発祥の地であるとともに、先生のご父君である亀井利明教授（商学部、当時）が中心となって担われてきた。

　本書では、社会安全学部において、経営学とリスクマネジメントを専門とされて、これまでもさまざまな分野のリスクマネジメントについて多数の著作を刊行してこられた亀井克之先生が、関西大学において40年以上行われてきたリスクマネジメントの研究に基づいて、本書第二部第1章で、リスクマネジメントの基本的な理論を提示している。同時に、現在、全世界が直面している新型コロナウイルス感染症のようなリスクについて、私たちはどのようにリスクマネジメントを展開すれば良いのかといった具体的場面への応用を意識して叙述を展開している。そして、何よりも本書の特質として注目すべきなのは、リスクマネジメント理論の応用事例として、本書第二部第2章で、やはり本学と縁の深い日本拳法を取り上げている点にある。

　日本拳法は、1930年（昭和5年）立ち上げの関西大学唐手研究会に遡る。当時、本学学生であった澤山宗海は、さらにいっそう自由な攻防を求めて、思案、研究、試行錯誤を重ねた末に、1932年（昭和7年）に「大日本拳法会」を発足させた。その後の日本拳法の発展は周知のことであろう。
　本書における第一部「日本拳法の基本習得教書（Basic Techniques of Nippon Kempô, Techiques de Base de Nippon Kempô）」については、本学拳法部の全面的協力を得て、日本拳法を経験したことのない中学校体育教師にも解りやすい解説が加えられている。さらに英語訳とフランス語訳が付けられ海外の読者も読めるようになっている。

　関西大学が発祥の地であるリスクマネジメント研究、関西大学を発祥とする日本拳法。本学と縁のある両者をもっともよく知る著者の手によって、このたび研究成果が刊行されることは、まことに意義深いものと考え、ここに推薦の辞を申し述べる次第である。

2021年7月

芝　井　敬　司

推薦の辞

　昭和五年、当時関西大学在学中の澤山勝（宗海、後に日本拳法宗家となる）により創始された「日本拳法」は突き、打ち、蹴り、投げ、逆（関節）技の鍛錬による身体能力の強化、並びに知識を正し、情操を高めることによって人格の向上を目指すことを目的に、関西大学を発祥として全国の大学を拠点に発展してきた総合格闘武道であり、「日本拳法は心の武道」と言われる所以である。

　実際に役に立つ実法を修練するには自由に撃ち合う稽古をする必要があり、それを真剣に戦えば生死に関わる影響を及ぼす恐れがある。このリスクを制御するには？との発想から防具が考案され、この防具の着装により致命的なリスクを回避し、そして自由な突き、打ち、蹴りの技、投げ、関節の逆技による組討技を駆使した攻防が可能となった。

　防具を着装しての自由な実乱撃の攻防を可能にしたことで、人間本来の闘争本能を最大限引き出すことにより身体能力の強化がなされると共に、さらに形稽古、空乱撃稽古、実乱撃稽古による精神の鍛錬を通して人格の向上を目指すという武道文化としての日本拳法が確立されてきた。我々はこれからも絶えず向上を目指しながらこの道を守り育てねばならない。大学から広まった日本拳法は今や幼児から小・中・高校生、社会人に至る老若男女を問わず、国内から海外まで広く発展を遂げてきた。

　「無事これ名馬なり」の言葉があるようにいかなるスポーツ・武道においても安全・安心が担保されねばならない。「生涯拳法」を目指す「拳士」のためにも、中学校武道教育として日本拳法が採用され、さらに国民に日本拳法の広い普及を目指すためにも、「リスクマネジメント」の観点から日本拳法を読み解いて頂いたことは、今後の日本拳法の新たな展開の指針となるものと大きく期待するものである。それと共に関西大学発祥の学術研究と武道文化の融合による「学の実化」の実現であると考える。

　小生が在学中の頃は（五十数年前）「負傷と風邪と二日酔いは練習したら治る」の一言で片づけられ、無茶をして実際に風邪や二日酔いが治った経験は、今となっては辛くも楽しい懐かしい思い出となって心に残っている。今はこのような無茶が受け入れられることはあり得ないが、これから日本拳法を学ぼうとされる方々は其々の動機、例えば礼儀を身につけ護身術を身につけたい、運動不足の解消、ダイエット、強くなって試合で活躍したい等々、その目的に応じた練習、稽古が必要となる。無理な練習はしていないか、危害のリスクは避けているか、十分な休養をしているか、栄養バランスのとれた食事をしているか等々、危害予防の徹底と健康管理に十分留意したうえで練習を行っていただきたい。

　澤山宗海著『日本拳法』（毎日新聞社、1964 年）は武道・スポーツ・体育の立場から理論づけられた技術書であり、格調の高い学術書である。ぜひご一読賜れば幸甚である。第二十三章・第四の中で、危害予防、健康管理について記載されている。

試合に出て強くなりたいと思う方々にとっては、試合に出る以上「勝つこと」が目的になるが、武道において、本来試合というものはお互いが成長するための場となるもので、いわば習熟度テストだと言える。剣道においても「打って反省、打たれて感謝」と言われるように究極は人としての成長、人格の向上を目指すところに真剣勝負の意味がある。

　リスクマネジメントにおいては「リスク感性を磨くこと」が重要とされている。本書では、そのような観点から日本拳法を多岐に渡って考察し、読み解いて頂いており、さらに日本拳法を興味深く楽しいものとして位置づけられている。何よりも、私たちが日々鍛錬している日本拳法が、リスクマネジメントの観点から、こんな風に捉えることができるのか、こんな価値があるのか、という新たな気付き与えて下さった亀井克之先生に衷心よりお礼申し上げる次第である。

2021 年 3 月

関西大学　拳法部　OBOG 会会長

審判団　前団長

宇　野　耕　二

序　文

　新型コロナウィルス感染症が全世界で流行し、私たちの生活に大きな影響を及ぼしている。社会全体が連携してリスクマネジメント（ソーシャル・リスクマネジメント）をすることが求められる現在の状況下において、本書はリスクマネジメントに新たな視点をもたらすことを目的としている。

　最初に日本拳法を題材にリスクマネジメントの本を出版するお話をいただいた時、日本拳法について何の知識も持たない私には難しいのではないかと躊躇した。しかし、やがてリスクをとってやってみようと決意するに至った。

　きっかけは 2019 年 12 月 1 日のことだ。この日、第 9 回大阪マラソンを完走したその脚で、ゴールの大阪城公園から、そのまま大阪府立体育館に直行した。案内いただいていた第 64 回全日本学生拳法選手権大会を観るためだ。日本拳法の試合を観るのは初めてだった。関西大学で生まれたこの競技に取り組む学生たちが躍動していた。幸運にも、女子の部の団体決勝で関西大学が優勝し学生日本一となる瞬間を目の当たりにすることができた。（116 頁の記事参照）

　これまで、私はリスクマネジメント理論をさまざまな事例に当てはめるスタイルで研究してきた。初期は、フランスの自動車産業、銀行・保険会社を事例に取り上げた。次いで、リスクをとって新しいことに挑戦する企業や経営者を題材にした。近年は、企業の災害対策を皮切りに、学校、病院、日常生活、事業承継、老舗、ワイン産業、音楽ライブ、マラソン大会、健康経営、など多岐にわたるもの事例にして、リスクマネジメントを論じてきた。本書では、新たに日本拳法を事例に取り上げてみたいと思う。日本拳法に注目する意義は、安全管理と実践性を両立するために、防具着装を創造したという経緯からも防御・安全性の思想が貫かれているからである。

　日本拳法の創始者である澤山宗海先生の著書『日本拳法』（毎日新聞社、1964 年）は、日本拳法の解説書にとどまらない。歴史学、哲学、スポーツ医学など、さまざまな学問的視点が盛り込まれた研究書である。長年にわたる研究の集大成の本を一読して、その幅の広さ、奥行きの深さに、感銘を受けた。リスクマネジメントの考え方に通じる言葉が随所に散りばめられている。

　1932 年（昭和 7 年）に関西大学で日本拳法は始まった。日本拳法は、日本で初めての防具着装による実戦の拳法として発展してきた。一方、1978 年（昭和 53 年）に、関西大学で日本リスクマネジメント学会が創立された。日本リスクマネジメント学会は、日本で初めてのリスクマネジメントに関する学術的研究団体として、保険学から脱皮した経営学としてのリスクマネジメント理論を発展させてきた。

関西大学で生まれた日本拳法について、同じく関西大学で生まれたリスクマネジメント研究の成果に基づいて著述するという本書の試みが、読者の皆様に何らかの参考になれば幸いである。

　本書を公刊するにあたり、以下の方々にお世話になった。
　推薦の辞を寄せて下さった関西大学理事長の芝井敬司先生と関西大学拳法部 OBOG 会の宇野耕二会長。
　第一部「日英仏　日本拳法の基本習得教書」を纏めて下さった関西大学拳法部 OB　OG 会・教書出版委員会の皆様。委員長：藤川良典・関西大学拳法部総監督、アドバイザー：宇野耕二・関西大学拳法部 OBOG 会会長、藤川義人・公益財団法人日本拳法会副会長、編集・写真：肥田玄三さん、五島治郎さん、実技：植田響さん、植田甫空杜さん、村鞘風太さん、福山莉央さん、鈴木綾華さん。
　第一部「日英仏　日本拳法の基本習得教書」の英語部分 Basic techniques of Nippon Kempô の英文校正をして下さったプローグレス・インターナショナルの皆様。フランス語部分 Techniques du base du Nippon Kempô 用の翻訳と第一部原稿の修文をして下さったオガワ・アソシエイツの小川カミーユさん。編集の労をとって下さった門脇卓也さんをはじめとする関西大学出版部の皆様。協和印刷株式会社の皆様。
　心より感謝申し上げる。

　この１年間、一生懸命取り組んできたものの、浅学非才の筆者ゆえ、本書第二部の内容に未熟な点や間違いがあると思う。また、門外漢の私が日本拳法を論じることについて、お叱りの言葉が多々あると思う。読者諸氏からのご教導を期待する。

　関西大学が誇る２つの「粋」は、日本拳法とリスクマネジメント研究だ。両者の益々の発展を祈念しつつ、本書をお届けする。

　2021 年 3 月 28 日　　亀井克之

＊本書の内容は、科学研究費・基盤研究（B）2021 ～ 2025 年度「被災後の中小企業経営者の健康問題と事業継続に関する日仏比較研究」、2021 年度・関西大学地域連携センター・堺市と関西大学との地域連携事業「堺市ファミリービジネス・外食企業の事業継続と事業承継」、2021 ～ 2022 年度・関西大学経済・政治研究所「関西ファミリービジネスの BCM と東アジア戦略」研究班による研究成果の一部である。

目　次

第一部
Part I
Première Partie

日英仏
日本拳法の基本習得教書

Basic techniques of Nippon Kempô
Techniques de base du Nippon Kempô

第一部 / Part I / Première Partie　掲載項目 / Contents / Table des matières

1．日本拳法の概要 /

General presentation of Nippon Kempô /
Présentation générale du Nippon Kempô

◯ 1-1．概要 / General overview / Aperçu général

日本拳法は素手の格技である。

Nippon Kempô is a technique of unarmed combat.

Le Nippon Kempô est une technique de combat à mains nues.

その技術構成は、拳の突き打ち、足の蹴りなどの搏技（うちわざ）と組みついた場合の投げ技、関節の逆技などの諸技とを総合したものである。人間の最も本来的な格闘技術である。

This complete martial art combines a set of combat techniques, including percussion (punches or kicks), projections and dislocations. In other words, it's the discipline that comes closest to the techniques that humans naturally use when fighting.

Cet art martial complet combine un ensemble de techniques de combat, notamment les percussions (coups de poings ou de pieds), les projections et les luxations. En d'autres termes, c'est la discipline qui se rapproche le plus des techniques auxquelles les êtres humains font appel naturellement quand ils se battent.

その特徴は、突打蹴りの搏技に対して、創案の防具を着装して、安全に、かつ自由に撃ち合って稽古をすることである。この稽古法を乱（らん）稽古といって練技の主流とし、また、この様式によっていままでできなかった試合を可能にしたことである。

Its specificity lies in its original outfit, which protects from punches and kicks, allowing the participant to train safely, while fighting freely without restraint. This method, known as "free training" *(ran-geiko)*, remains the main foundation of technical exercises, and makes possible matches that hitherto could not have taken place.

Sa spécificité réside dans sa tenue originale, qui protège des coups de poings et de pieds, permettant dès lors de s'entraîner en toute sécurité, tout en se battant librement sans retenue. Cette méthode, dite « entraînement libre » *(ran-geiko)*, reste le fondement principal des exercices techniques, et rend possibles des matchs qui jusque-là n'auraient pu avoir lieu.

乱の激しい撃ち合いは、見た目には荒っぽいが、実際には至って安全である。強い蹴り技を使っても、相手を組み敷いて加撃しても、けがの心配のないところは、たしかにその特徴であろう。

At first glance, the confrontations of free training may seem particularly violent; in reality, they are well secured. Even with a strong kick or repeated attack from an opponent on the ground, there is no risk of injury - a hallmark of this discipline.

Les affrontements des entraînements libres peuvent paraître à première vue particulièrement violents ; dans la réalité, ils sont bien sécurisés. En effet, même en cas de puissants coups de pieds ou d'attaque répétée d'un adversaire au sol, il n'y a pas risque de blessure – une caractéristique propre à cette discipline.

拳足の技に対する防具の創案は、まさに有史以来はじめてのことである。

The idea of wearing protections against kicks and punches is a first in the history of unarmed martial arts.

L'idée de porter des protections face aux coups de pieds et aux coups de poing est une première dans l'histoire des arts martiaux sans armes.

日本拳法の創始は、拳の格技を捜し求めることに端を発し、つぎに自由に撃ち合いをする新しい世界の門戸を開き、防具を考案し、乱稽古を樹立することによって一応なしとげられたものであった。（澤山宗海著「日本拳法」より抜粋）

Nippon Kempô has its origins in an ever-increasing quest for fist combat and a desire to open the way to new possibilities through research through free and unrestricted combat, to which has been added a proposal protective clothing and the principle of *ran-geiko*." (Extract from *Nippon Kempô* by Muneomi SAWAYAMA.)

Le Nippon Kempô tire son origine d'une quête de combat au poing toujours plus poussée et d'une volonté d'ouvrir la voie à de nouvelles possibilités grâce à des recherches à travers des combats libres et sans contraintes, auxquelles se sont ajoutés une proposition de tenue de protection et le principe des *ran-geiko*. » (Extrait de *Nippon Kempô* par Muneomi SAWAYAMA.)

尚、本書は中学生を対象とした試合において採用されていない組技、投げ技、関節の逆技については解説を省いています。

In this manual, there will be no explanation of body-to-body, reverse projection, or dislocation techniques, as they are not used in junior high school student competitions.

Dans ce manuel, on ne trouvera pas d'explications sur les techniques de corps-à-corps, de projections ou de luxations inversées, car elles ne sont pas utilisées dans les compétitions d'élèves de niveau collège.

◯ 1-2. 紋章の解説 / Interpretation of the coat of arms / Interprétation du blason

この紋章は拳法の構成を象徴したものである。

心・身・気・力・技・術・法・道は、その構成要素であって、これらが織りまざって拳法ができているのである。

This coat of arms symbolizes the elements that make up the kempô, namely:

| 心 the soul | 身 the body | 気 the spirit | 力 strength |
| 技 the technique | 術 tactics | 法 the rule | 道 the Way |

These eight essential elements intertwine to form Kempô.

Ce blason symbolise les éléments qui constituent le kempô, à savoir :

| 心 l'âme | 身 le corps | 気 l'esprit | 力 la force |
| 技 la technique | 術 la tactique | 法 la règle | 道 la Voie |

Ces huit éléments essentiels s'entremêlent pour former le Kempô.

拳法は**心**と**身**に胎る、故に
　　心は純誠に、**身**は健全なるを要す。

Kempô resides in the **soul** and the **body**. Thus
　　it takes a pure **soul** in a healthy **body**.

Le kempô réside dans l'**âme** et le **corps**.
　　Il faut une âme pure dans un **corps** sain.

拳法は**気**と**力**に発動す。故に
　気は旺盛に、**力**は強靭なるを要す。

Kempô moves forward with **spirit** and **strength**. Thus
　it takes a quick wit and a tenacious force.

Le kempô avance avec l'**esprit** et la **force**.
　Il faut un **esprit** vif et une **force** tenace.

技は攻防をつくり、**術**は勝敗を決す。故に
　技は形動を正し、**術**は変化に妙なるを要す。

The **technique** provides attack and defense; **tactics** decide victory or defeat. Thus
　the **technique** requires fair and precise gestures and postures;
　tactics are needed to react finely to developments.

La **technique** assure l'attaque et la défense ;
la **tactique** décide de la victoire ou de la défaite.
　Il faut de la **technique** pour avoir des gestes et des postures justes et précis ;
　il faut de la **tactique** pour réagir avec finesse aux évolutions.

法は技術を治め、**道**は人を育む。故に
　法は理に生まれ、**道**は自然に合するを要す。

The **rule** governs technique and tactics; the **Way** grows man. Thus
　We must give birth to the **rule** of reason, while the **Way** is in tune with nature.

La **règle** encadre la technique et la tactique ; la **Voie** grandit l'homme.
　Il faut faire naître la **règle** de la raison,
　tandis que la **Voie** s'accorde avec la nature.

これを拳法の**八要**という。**八要**をかね修めるところ
　拳法も、人も、ともに完成の域に到達する。

Here are the **eight essential elements** of kempô.
　Mastering its eight elements will lead kempô and its practitioner to perfection.

Voici les **huit éléments essentiels** du kempô.
　Maîtriser ses huit éléments entraîneront le kempô et son adepte vers la perfection.

拳法の八要　澤山宗海

The Eight Elements of Kempô, by Muneomi SAWAYAMA

Les huit Éléments du Kempô, par Muneomi SAWAYAMA

2. 礼法 / Greetings *(reihô)* / Saluts *(reihô)*

◯ 2-1. 蹲踞礼の仕方 / Hello squatting *(sonkyo-rei)* / Salut accroupi *(sonkyo-rei)*

直立正体（気を付け）

顎を引き肩の力を抜く。背筋は伸ばし腰を立て踵はくっつけて外側を直角にする。

両手は中指を下ばき（ズボン）の縫目に合わせる。垂肩閉脇（すいけんへいきょう）の形を心がける。

In a standing position, the body straight, arms along the body.

Chin tucked in, shoulders relaxed.

Stand up straight while stretching the spine (tummy tucked in). The heels should touch, with the feet facing outward to form a right angle.

Place the hands along the body, with the middle finger on the seam of the pants.

Strive to stand in the so-called *suiken-keikyô* posture, that is to say the shoulders drooping but the armpits closed.

En position debout, le corps bien droit, les bras le long du corps.

Le menton rentré, les épaules détendues. Se tenir bien droit en étirant la colonne. vertébrale (ventre rentré). Les talons doivent se toucher, avec les pieds dirigés vers l'extérieur pour former un angle droit.

Placer les mains le long du corps, avec le majeur sur la couture du pantalon.

S'efforcer de se tenir dans la posture dite *suiken-keikyô*, c'est-à-dire les épaules tombantes mais les aisselles fermées.

蹲踞礼（そんきょれい）

Hi squatting *(sonkyo-rei)*

Salut accroupi *(sonkyo-rei)*

顎（あご）を引き肩の力を抜く。背筋を伸ばし腰を立て両手は柔らかく膝の上に置く。両足は裏足（りそく）を立てる。（つま先立ち）敬譲（自らを謙虚に相手を敬う）の形を示す。これを蹲踞（そんきょ）と言う。

Crouch on tiptoe, keeping your chin tucked in and your shoulders relaxed.
Keep your back straight (tummy tucked in), and place your hands lightly on your knees. This position expresses respect (respect for the opponent and his own humility).

S'accroupir sur la pointe des pieds, en gardant le menton rentré et les épaules détendues. Garder le dos bien droit (ventre rentré), et poser légèrement les mains sur les genoux. Cette position exprime le respect (le respect de l'adversaire et sa propre humilité).

拳を身体の前に置き少し頭（こうべ）を垂れる。

Place your fist in front of you on the ground, tilting your head slightly.

Placer son poing devant soi à terre, en inclinant légèrement la tête.

元の蹲踞の態勢に戻す。

Return to the previous crouched position.

Revenir à la position accroupie précédente.

◯ 2-2. 立礼の仕方 / Hi standing *(ritsu-rei)* / Salut debout *(ritsu-rei)*

立礼

Hi standing *(ritsu-rei)*

Salut debout *(ritsu-rei)*

直立正体（ちょくりつせいたい・気を付け）から背筋を曲げずに伸ばしたまま約 30 度腰をおる。

In a standing position, with your body straight, arms alongside your body, tilt your bust about 30° while keeping your spine straight.

En position debout, le corps bien droit, les bras le long du corps, incliner le buste d'environ 30° tout en gardant la colonne vertébrale bien droite.

速やかに元の位置に戻す。

Straighten quickly to the initial position.

Se redresser rapidement dans la position initiale.

● 2-3. 座礼の仕方 / Hi sitting *(za-rei)* / Salut assis *(za-rei)*

上体はそのままで右ひざから床に降す。

First put the right knee on the ground while maintaining the the position of the right bust.

Poser d'abord le genou droit à terre tout en maintenant le buste droit.

膝立ちの状態で裏足を立てる。
（膝とつま先で立つ）

Once both knees are on the ground, place the soles of the feet vertically.

Une fois les deux genoux à terre, placer la plante des pieds verticalement.

顎を引き肩の力を抜いて背筋を伸ばし両手は足の付け根に軽く置く。肘は張らない。
左右の足の親指を重ね合わせてもよい。

Slightly tuck in your chin, your shoulders relaxed. Stretch the spine. Sit on your heels with the hands at the top of the thighs. The elbows should not be stretched.
Then, cross the two big toes.

Rentrer légèrement le menton, les épaules détendues. Étirer la colonne vertébrale. S'asseoir sur ses talons en plaçant ses mains en haut des cuisses. Les coudes ne doivent pas être tendus. On pourra croiser les deux gros orteils.

座礼
正座の状態から両手を床に伸ばし親指と人差し指で三角形を作りその位置へ頭を垂れる。

Hi sitting *(za-rei)*
In a seated position, place your hands flat on the floor in front of you, so that your thumbs and forefingers form a triangle, and tilt your head towards your hands so positioned.

Salut assis *(za-rei)*
En position assise, placer les mains à plat sur le sol en face de soi, de façon à ce que les pouces et les index forment un triangle, et incliner la tête vers ses mains ainsi positionnées.

◯ 2-4. 拳法衣の扱い方 / Folding the kempô outfit *(kempô-gi)* / Plier sa tenue de kempô *(kempô-gi)*

下ばき（ズボン）を半分に折り腰ひものライン
を上着の首下の部分に揃える。

Fold the trousers in half and arrange the top of the pants (string level) on the neckline of the jacket.

Plier en deux le pantalon et disposer le haut du pantalon (niveau du cordon) sur l'encolure de la veste.

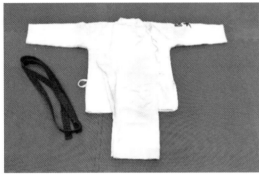

右袖の部分を写真のように中に織り込む。

Fold the right sleeve over the jacket/pants set, as in the photo.

Replier la manche droite par-dessus l'ensemble veste/pantalon, comme sur la photo.

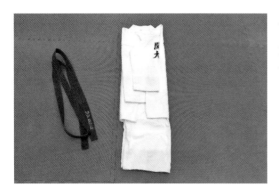

上着の左側の部分も写真のように織り込む。

Fold the left sleeve of the jacket over the set, as in the photo.

Replier la manche gauche de la veste par-dessus l'ensemble, comme sur la photo.

上着からはみ出した下ばき（ズボン）の部分を織り込む。

Fold the part of the pants that protrudes at the bottom of the jacket.

Replier la partie du pantalon qui dépasse en bas de la veste.

さらに三分の二程度を織り込む。

Fold back to two-thirds.

Plier de nouveau au deux tiers.

残り三分の一程度を写真のように織り込む。

Fold the remaining third as in the photo.

Plier le tiers restant comme sur la photo.

畳んだ道着に帯をかける。

Attach the bent outfit with the belt.

Attacher la tenue pliée avec la ceinture.

帯を巻き付ける。

Wrap the belt around the outfit.

Enrouler la ceinture autour de la tenue.

帯を結び道着を固定する。

Tie the belt to securely fasten the outfit.

Nouer la ceinture pour attacher fermement la tenue.

◯ 2-5. 拳法衣の着装について / Putting on the kempô outfit *(kempô-gi)* / Mettre sa tenue de kempô *(kempô-gi)*

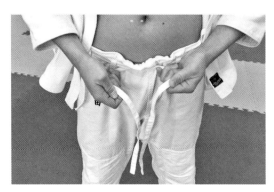

上半身の服を脱ぎ、上着を羽織る。

ズボンを脱ぎ下穿き（したばき、ズボンのこと）をはく。

それぞれの紐を両手でバランス良く引っ張り強い目に締める。

（きつく締め付けすぎないよう注意）

Remove your clothes from your torso and put on the kempô jacket.

Take off your clothes from the bottom and put on the kempô pants.

Pull the cord to have the same length in each hand and close the pants into a simple knot that holds the pants well (be careful that it is not too tight).

Enlever ses vêtements du haut et enfiler la veste de kempô à même la peau.

Enlever ses vêtements du bas et enfiler le pantalon de kempô.

Tirer sur le cordon pour avoir la même longueur dans chaque main ; fermer le pantalon en un nœud simple qui maintienne bien le pantalon (en faisant attention qu'il ne soit pas trop serré).

通し口にそれぞれの紐を通し蝶結びで結ぶ。

Intertwine both ends of the cord as they pass each other and make a bow tie.

Passer le cordon dans les passants et. fermer les deux extrémités avec un nœud papillon.

上着の内側の紐を蝶結びで結ぶ。

Close the cords from the inside of the jacket (left side) with a bow tie.

Fermer les cordelettes de l'intérieur de la veste (côté gauche) avec un nœud papillon.

上着の外側の紐を蝶結びで結ぶ。

Close the cords from the outside (right side) of the jacket with a bow tie.

Fermer les cordelettes de l'extérieur (côté droit) de la veste avec un nœud papillon.

帯の締めかた。
右側の名前が書いてある部分を腰の右側にあてる。

Attach the belt (*obi*).
Place the belt at the waist so that the right end with the name hangs on the side of the right hip.

Attacher la ceinture *(obi)*.
Placer la ceinture au niveau de la taille de façon à ce que l'extrémité droite où est inscrit le nom pende du côté de la hanche droite.

残りの帯をぐるぐると綺麗に重なるよう腰に巻き付ける。

Wrap the belt around the waist in two well-layered stacks.

Enrouler la ceinture autour de la taille en deux tours bien superposés.

お臍の下あたりで左右の帯の長さを揃えるよう調整する。

Adjust just below the navel so that both ends of the belt are the same length.

Ajuster juste au-dessous du nombril pour que les deux extrémités de la ceinture soient de la même longueur.

右側の部分を帯の下を通し図のように強く引く。

Pass the right end under the belt from the bottom (single knot) and pull firmly as in the photo.

Passer l'extrémité droite sous la ceinture par le bas (nœud simple) et tirer fermement comme sur la photo.

帯を持った両手をクロスさせ、左側の右側の帯の上から、できた輪に通す。引く。

Cross both hands: a loop forms in the center. Pass the left end in this loop over the right end and pull (double knot).

Croiser les deux mains : une boucle se forme au centre. Passer l'extrémité gauche dans cette boucle par-dessus l'extrémité droite et tirer (nœud double).

両手でバランスよく引くよう帯の両端をしっかり掴む。

Grasp both ends of the belt with both hands.

Saisir les deux extrémités de la ceinture des deux mains.

両手で同時にバランスよく引っ張る。

Pull with the same force of both hands to adjust the balance of both ends.

Tirer de la même force des deux mains pour ajuster l'équilibre des deux extrémités.

左右のバランスを確認して終了。

Make sure you have the same length on both sides.

Bien vérifier qu'on a la même longueur des deux côtés.

3. 基本動作 /

Basic movements /
Mouvements de base

⭕ 3-1. 拳のつくりかた（握拳）/ Form the fist *(nigiri-kobushi)* / Former le poing *(nigiri-kobushi)*

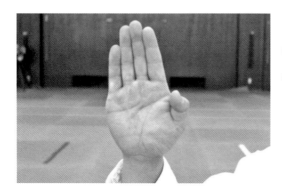

1. 手を開いた状態から拳をつくる。

Open your hand.

Ouvrir sa main.

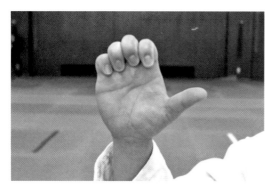

2. 指にすきまの無いように第二関節まで曲げる。

Fold your fingers to the 2nd joint, making sure there is no space between your fingers.

Plier les doigts jusqu'à la 2e phalange en s'assurant qu'il n'y a pas d'espace entre les doigts.

3. さらにすきまのないよう握る。

Close your fist by folding the third joint, making sure there is no space between your fingers.

Fermer le poing en pliant la 3e phalange en s'assurant qu'il n'y a pas d'espace entre les doigts.

4. 最後に親指をたたんですべての指を統（す）べるように握る。以上四つのリズムで握る（拳を作る）習慣をつける。力を入れず軽く握ること。突き技、打ち技のときは当たる瞬間に強く握り込む。

Finally close your thumb on the other finger to form a tight fist. Practice forming the fist by repeating the four steps above. Squeeze it lightly first, without forcing. It'll be squeezed tightly just when punching your opponent.

Refermer enfin le pouce sur les autres doigts pour former un poing bien serré. S'exercer à former le poing en répétant les quatre étapes ci-dessus. Le serrer d'abord légèrement, sans forcer. On le serrera fermement juste au moment de donner un coup de poing.

◯ 3-2. 呼吸法 / Breathing / Respiration

直立正体（気を付け）からゆっくりと息を吐ききる。

Standing, body straight, arms along the body. Exhale slowly.

En position debout, le corps bien droit, les bras le long du corps. Expirer lentement.

直立正体から左足を真横（肩幅）に開き自然立ち（一）

From the former straight standing position, spread sidewise the left leg to stand naturally with both feet shoulder-width apart. (One)

De cette position, déplacer latéralement la jambe gauche, pour se tenir en position naturelle les pieds écartés, dans l'alignement des épaules. (Un)

自然立ちから肩の力を抜き脇を閉め両手拳（こぶし）の人差し指、中指の第二関節、親指の第一関節が触れる程度に水月（みぞおち）の部分に当てる。（二）

In the naturally standing position feet apart, shoulders relaxed, armpits closed. Form both fists, and place them side by side in front of you at the celiac plexus (grosso modo at the stomach), with the indexes and majors touching slightly at the level of the 2nd joint, and the thumbs at the 1st joint. (Two)

En position naturelle les pieds écartés, les épaules détendues, les aisselles fermées. Former les deux poings, et les placer côte à côte devant soi au niveau du plexus cœliaque (grosso modo au niveau de l'estomac), avec les index et les majeurs se touchant légèrement au niveau de la deuxième phalange, et les pouces au niveau de la première phalange. (Deux)

両拳を水月（みぞおち）から稲妻（脇腹）に移動させると同時に両手を開き（開掌拳：かいしょうけん、親指は広げずたたむ）稲妻（いなづま、脇腹）の位置に置く。（三）
以上三つのリズム（三つ数える、3秒間でも可）で鼻から息を吸う（吸気）。

Open both fists while bringing them to the flanks, but keep the thumb bent at the first joint (so-called "open fist" or *kaishôken*). (Three)
Inhale through the nose during this three-step (three-second) movement.

Ouvrir les deux poings en les amenant au niveau des flancs mais en gardant le pouce plié à la première phalange (posture dite « poing ouvert » ou *kaishôken*). (Trois)
Inspirer par le nez pendant ce mouvement en trois temps (trois secondes).

27

吸気の後、五つ数えて（5秒間でも可）待気（息を止め全身に気を巡らせて気を丹田に落ち着かせる）する。

Count to 5 by holding your breath (in order to circulate air throughout the body and relax the lower abdomen).

Compter jusqu'à 5 secondes en retenant sa respiration (afin de faire circuler l'air dans tout le corps et décontracter le bas-ventre).

ゆっくり息を吐き拳を作りながら九つのリズム（九つ数える、9秒間でも可）で両手を前に出し、しっかりと握りこんで人中の高さで止める。（呼気）
掌（たなごころ、手のひらの中央）から気を出すイメージで息を吐きだしてから吐ききって拳を握りこむまで九つのリズムで行う。

Exhale slowly as if air was coming out of your palm, and gradually forming fists while extending both arms forward counting to 9 (seconds). Squeeze your fists tightly when stopping your movement at the philtrum (pit above the upper lip) once all air has been exhaled (nine-step exhaling).

Expirer lentement comme si l'air sortait de la paume, former les poings progressivement tout en tendant les deux bras vers l'avant en comptant jusqu'à 9 (secondes). Serrer fermement les poings au moment d'arrêter son mouvement à hauteur du philtrum (fossette au-dessus de la lèvre supérieure), une fois tout l'air expiré. (Expiration en 9 temps).

息を吐き切ったあと、三つのリズム（三つ数え
る。3秒間でも可）で息を吸いつつ（吸気）両
拳を徐々に開き開掌拳にして稲妻に置く。
これを三回繰り返す。（三五九の呼吸法）

Gradually open both fists in *kaishôken*, counting up
to three and place them back at the flanks.
Repeat exercise three times. (Breathing Method 3-5-9).

Ouvrir progressivement les deux poings en
kaishôken en comptant jusqu'à trois secondes et
les replacer au niveau des flancs.
Répéter l'exercice trois fois (Méthode de
respiration 3-5-9).

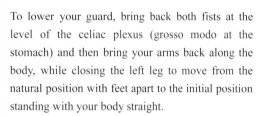

構えを解く時は両拳を一旦水月で合わせ両手を
下ろし自然立ちから左足を引いて直立正体に戻
る。

To lower your guard, bring back both fists at the
level of the celiac plexus (grosso modo at the
stomach) and then bring your arms back along the
body, while closing the left leg to move from the
natural position with feet apart to the initial position
standing with your body straight.

Pour baisser la garde, remettre les deux poings
au niveau du plexus cœliaque (grosso modo au
niveau de l'estomac), puis baisser les bras le long
du corps, tout en refermant la jambe gauche pour
passer de la position naturelle les pieds écartés à
la position initiale debout le corps bien droit.

右足を引き両足をそろえる。

Close the left leg to tighten both feet.

Refermer la jambe gauche pour resserrer les deux
pieds.

◯ 3-3. 構え / Guard *(kamae)* / Garde *(kamae)*

構え（中段の構え）

直立正体から左足を半歩左に開き足幅を肩幅に揃える。両拳を水月の前を通し右拳はそのまま水月で構え左足を踏み出すと同時に左拳を前に出して構える。

左拳を前に出す。

Front guard (*chûdan-gamae*)

From the standing position, the body straight, the arms along the body, move sidewise the left leg half a step to stand with both feet shoulder-width apart. Raise the fists to chest height, then place the right fist in front of the celiac plexus (guard). Move forward with the left leg and at the same time stretch the left fist forward (on guard).

Garde de face *(chûdan-gamae)*

De la position debout, le corps bien droit, les bras le long du corps, déplacer latéralement la jambe gauche d'un demi-pas, pour se tenir naturellement les pieds écartés, dans l'alignement des épaules. Remonter les poings à hauteur de la poitrine, puis placer le poing droit devant le plexus cœliaque (en garde). Avancer avec la jambe gauche et tendre en même temps le poing gauche en avant (en garde).

顎を引き肩の力を抜くことを常に心がける。

自然立ちから両拳を水月にそろえ左足を摺足半歩踏み出し両足幅は肩幅に合わせ左足先は正面、右足先は斜め 45 度方向。

左拳の位置は水月の高さよりも拳ひとつ高い。両拳の目指す方向は想定した相手の人中（「じんちゅう」あるいは「にんちゅう」唇上部にある溝）であるが基本の形においては自分自身の人中の高さとする。

拳は軽く握り両ひざは軽く曲げる。

Always try to tuck the chin slightly and keep your shoulders relaxed.

When raising both fists to chest height, the left leg moves half a step, sliding on the ground (*suriashi*) to have a leg gap equivalent to shoulder width. The left foot is front-ended while the right foot is placed three-quarters (45° in the middle of the left foot). The left fist is placed higher than the level of the celiac plexus of the equivalent of a fist height.

Both fists must be oriented towards what is thought to be the philtrum (i.e. the dimple above the upper lip) of the opponent. For a basic kata exercise, one will aim for the height of one's own philtrum.

Squeeze your fists slightly and bend both knees slightly.

Toujours chercher à rentrer légèrement le menton et à garder les épaules détendues.

Au moment de placer les poings devant le plexus cœliaque, déplacer la jambe gauche d'un demi-pas en glissant sur le sol *(suriashi)*, pour se tenir naturellement les jambes écartées de la largeur des épaules. Le pied gauche est de face tandis que le pied droit est placé de trois quarts (45° en biais par rapport au pied gauche). Le poing gauche est placé plus haut que le niveau du plexus cœliaque de l'équivalent d'une hauteur de poing.

Les deux poings doivent être orientés vers ce qu'on imagine être le philtrum (c'est-à-dire la fossette au-dessus de la lèvre supérieure) de l'adversaire. Pour un exercice de *kata* de base, on visera la hauteur de son propre philtrum. Serrer légèrement les poings et plier légèrement les deux genoux.

◯ 3-4. 摺足・足さばき / Moving by sliding on the ground *(suriashi)* / Déplacements en glissant sur le sol *(suriashi)*

足さばき　摺足（すりあし）前進（前寄り足）
右足の裏足で左足を推し出すように一歩前進する。前進のときは左足のつま先は上げない。

Front move in *suriashi* (*mae yoriashi*)
Push on the sole of the right foot (back foot) to take a step forward (left foot). You slide your left foot without lifting your toes.

Déplacement avant en *suriashi (mae yoriashi)*
Pousser sur la plante du pied droit (pied arrière) pour faire un pas en avant (du pied gauche). On glisse le pied gauche sans lever les orteils.

左足でしっかりと畳を噛み右足を引き寄せる。

Once the left foot is well supported on the tatami, we drag the right foot to bring it closer.

Une fois le pied gauche est bien en appui sur le tatami, on traîne le pied droit pour le rapprocher.

摺足後退（後寄り足）
左足で畳を蹴るように身体全体を後方に押し出し摺足で右足を後方へ引く。
顎を引き頭、腰は上下させない。

Back movement in *suriashi (ushiro yoriashi)*
Give like a kick on the tatami with the left leg to move the foot backwards. The chin is tucked in, while the head and hips must not stand or bend.

Déplacement arrière en *suriashi (ushiro yoriashi)*
Donner comme un coup de pied sur le tatami avec la jambe gauche pour déplacer le corps vers l'arrière, et glisser le pied droit vers l'arrière. Le menton est rentré, tandis que la tête et les hanches ne doivent ni se lever ni se baisser

右足を引いた後、左足を引き元の位置に戻る。

Once the right leg has taken the step backwards, drag the left foot back to reduce the gap between the two legs and return to the initial guard position.

Une fois que la jambe droite a effectué le pas vers l'arrière, traîner à son tour le pied gauche en arrière pour réduire l'écart entre les deux jambes et revenir en position initiale de garde.

摺足左右の移動
左に移動するときは摺足で右足を軸に左足から
左横に一歩踏み出す。

Side move in *suriashi*
To move to the left, the right leg serves as a support, and the left leg moves to the left in *suriashi* (sliding the foot).

Déplacement latéral en *suriashi*
Pour se déplacer vers la gauche, la jambe droite sert d'appui, et la jambe gauche se déplace vers la gauche en *suriashi* (en glissant le pied).

最後に右足を摺足で構えの位置に戻す。右に移
動する時はこの逆を行えば良い。

Then the right leg follows in *suriashi* to return to the guard position. To move to the right, the opposite is done.

Puis la jambe droite suit en *suriashi* pour revenir en position de garde. Pour se déplacer vers la droite, on procède à l'inverse.

摺足回り込み
右足を軸に左足で円を描くように一歩 45 度の
位置へ左足を踏み出す。

Suriashi pivot (*mawarikomi*)
The right leg serves as a support by standing still, while the leg steps by swivelling 45° as if drawing an arc of a circle.

Pivotement en *suriashi (mawarikomi)*
La jambe droite sert d'appui en restant immobile, tandis que la jambe gauche fait un pas en pivotant de 45° en traçant comme un arc de cercle.

最後に同じく右足を軸に円を描くように左足を
45 度踏み出し元の位置から 90 度移動したと
ころで右足を引き元の構えに戻す。

Pivot again 45° by drawing an arc of a circle with the left leg, keeping the right leg still in support: we made a displacement of 90° from the initial position. Slide the right leg back to return to the guard position.

Pivoter de nouveau de 45° en traçant comme un arc de cercle avec la jambe gauche, en gardant la jambe droite toujours en appui : on a donc effectué un déplacement de 90° par rapport à la position initiale. Glisser alors la jambe droite en arrière pour revenir à la position de garde.

⬭ 3-5. 攻撃技 / Attack Techniques / Techniques d'attaque

3-5-1. 正面突き / Frontal attack *(shômen-zuki)* / Attaque frontale *(shômen-zuki)*

直立正体

Standing, body straight, arms along the body.

En position debout, le corps bien droit, les bras le long du corps.

直立正体から左足を摺足で左横に半歩、右足も右横に半歩踏み出し肩幅に揃える。（自然立ち）自然体とも言う。

From this position, open the left foot by sliding half a step, then open the right foot by sliding half a step, to have a leg gap equivalent to its shoulder width. This position is called "natural standing, feet apart" *(shizen-dachi)* or "natural body."

De cette position, ouvrir le pied gauche en glissant d'un demi-pas, puis ouvrir le pied droit en glissant d'un demi-pas, pour avoir un écartement des jambes équivalent à sa largeur d'épaules. Cette position s'appelle « position debout naturelle, pieds écartés » *(shizen-dachi)* ou « corps naturel ».

両拳を水月（みぞおち）の前で整え構える。
両拳は軽く握る。（正面突きの構え）

Both fists are brought back in front of the celiac plexus (grosso modo at the stomach), in a warning position. Squeeze your fists slightly. This position is called "guard for a head punch" *(shômen-zuki no kamae)*.

Les deux poings sont ramenés devant le plexus cœliaque (grosso modo au niveau de l'estomac), en position de mise en garde. Serrer légèrement les poings. Cette position s'appelle « garde pour un coup de poing frontal » *(shômen-zuki no kamae)*.

身体の中心線（正中線）を軸に腰を回転させ自分の人中（鼻の下と上唇の間）の高さを目標に左拳で面を突く（最後に強く握る）拳は「立て拳」（縦拳）で行う。

Imagine the vertical axis of the body that passes through the spine. This is called the "middle line of the body." Rotate the hips around this middle line, and punch left by aiming at the height of your own philtrum (i.e. the dimple above the upper lip). We'll clench our fists tightly at the end of the movement. The fist is in an upright position *(tateken)*.

Imaginer l'axe vertical du corps qui passe par la colonne vertébrale. On appelle cela la « ligne médiane du corps ». Effectuer une rotation des hanches autour de cette ligne médiane, et donner un coup de poing gauche en visant la hauteur de son propre philtrum (c'est-à-dire la fossette au-dessus de la lèvre supérieure). On serrera fortement le poing en fin de mouvement. Le poing est en position verticale *(tateken)*.

突いたら左拳を水月の位置に収め元の構えに戻す。

Once the punch is given, put the left fist back to its initial guard position at the level of the celiac plexus.

Une fois donné le coup de poing donné, remettre le poing gauche dans sa position initiale de garde au niveau du plexus cœliaque.

身体の中心線（正中線：脳天から背骨肛門を経て地中深くを貫く一本の線とイメージすれば良い）を軸に腰を回転させ自分の人中（鼻の下と上唇の間）の高さを目標に右拳で面を突く（最後に強く握る）。

Rotate the hips around the middle line, and give a right punch by aiming at the height of your own philtrum (i.e. the dimple above the upper lip). You'll clench your fists tightly at the end of the movement.

Effectuer une rotation des hanches autour de la ligne médiane, et donner un coup de poing droit en visant la hauteur de son propre philtrum (c'est-à-dire la fossette au-dessus de la lèvre supérieure). On serrera fortement le poing en fin de mouvement.

突いたら右拳を水月の位置に収め元の構えに戻す。

Return the right fist to its initial guard position at the level of the celiac plexus.

Remettre le poing droit dans sa position initiale de garde au niveau du plexus cœliaque.

両拳を体側に下ろし自然立ち。

Bring the arms back along the body, and stand in the natural position feet apart.

Baisser les bras le long du corps pour se mettre en position naturelle, les pieds écartés.

左足を引いて直立正体。

Close the left leg to return to the initial position standing with your body straight.

Refermer la jambe gauche pour revenir à la position initiale debout le corps bien droit.

3-5-2. 左突き面 / Left punch to the face *(hidari-tsuki-men)* / Coup de poing gauche au visage *(hidari-tsuki-men)*

中段の構えから左突き面

How to perform a left punch to the face from the position *chûdan-gamae*

Comment effectuer un coup de poing gauche au visage *(hidari-tsuki-men)* à partir de la position de garde *chûdan-gamae.*

足の位置は肩の下。半身になり右足（後ろ足）はつま先を45度方向にし、踵は少し上げる。両足先に等分に体重をかけ両膝関節を少し曲げて両拳は軽く握る。

The position of the feet is aligned with the shoulder spread. Turn three-quarters (about 45°) and steer the back foot (right foot) in that direction. Lift the heel. Transfer uniformly the centre of gravity of the body on the toes, and slightly bend the knees. Squeeze both fists slightly.

La position des pieds est alignée sur l'écartement des épaules. Se tourner de trois quarts (environ 45°) et orienter le pied arrière (pied droit) dans cette direction. Lever légèrement le talon. Transférer le centre de gravité uniformément sur la pointe des pieds et fléchir un peu les genoux. Serrer légèrement les deux poings.

左拳を前に出して面を突くと同時に腰を少し回転させ体重を左拳に乗せるイメージで前寄足で前進し最後は強く握る。

Advance the left fist to hit the opponent's face, while performing a slight rotation of the hips. Make a front move in *suriashi* as if the weight of the body was on the left fist. Squeeze your fist hard when you hit.

Avancer le poing gauche pour frapper le visage de l'adversaire, tout en effectuant une légère rotation des hanches. Avancer en un déplacement avant en *suriashi*, comme si le poids du corps portait sur le poing gauche. Serrer fort le poing au moment au moment de frapper.

重心を元の位置に、左拳を引いて構えに戻る。左拳は立て拳にて行う。

Return the center of gravity to its original position and the left fist to its initial guard position.
The fist is in an upright position *(tateken)*.

Remettre le centre de gravité dans sa position initiale et le poing droit dans sa position initiale de garde.
Le poing est en position verticale *(tateken)*

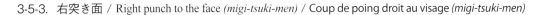

3-5-3. 右突き面 / Right punch to the face *(migi-tsuki-men)* / Coup de poing droit au visage *(migi-tsuki-men)*

中段の構えから左突き面

How to perform a right punch to the face from the position c*hûdan-gamae*

Comment effectuer un coup de poing droit au visage *(migi-tsuki-men)* à partir de la position de garde

腰を回転させ重心を前に移動させ自分の人中（鼻の下と上唇の間）の高さを目標に相手（仮想）の面を突く。右拳を前に出すと同時に左拳は水月の位置に引き最後に拳を強く握る。

Rotate the hips to move the center of gravity forward, and hit your (virtual) opponent's face by aiming at the height of your own philtrum (i.e. the dimple above the upper lip). When moving the right fist forward to strike, the left fist will be positioned at the level of the celiac plexus. Squeeze your fist hard when you hit.

Effectuer une rotation des hanches pour déplacer le centre de gravité vers l'avant, et frapper le visage de l'adversaire (virtuel) en visant la hauteur de son propre philtrum (c'est-à-dire la fossette au-dessus de la lèvre supérieure). Au moment d'avancer le poing droit pour frapper, on positionnera le poing gauche au niveau du plexus cœliaque. Serrer fort le poing au moment de frapper.

正中線で身体を回転させるときに右膝を少し内側に絞り込み右足首を裏足を支点にして回転させる。身体が回転し過ぎないよう左膝は少し曲げて左足指を突きの目標点に向けてしっかりと畳をかむ（つかむ）よう心がける。

When rotating the body around the midline, turn the right knee inwards by pressing the sole of the right foot that serves as a support to advance the fist. But to prevent the rotation from being too large, also bend the left knee slightly, and point the left foot towards the target, trying to grip the tatami firmly with the left foot.

Au moment d'effectuer la rotation du corps autour de la ligne médiane, tourner le genou droit vers l'intérieur en appuyant sur la plante du pied droit qui sert d'appui pour avancer le poing. Mais pour éviter que la rotation ne soit trop importante, plier également légèrement le genou gauche, et diriger le pied gauche vers la cible, en cherchant à agripper fermement le tatami avec le pied gauche.

正中線で身体を逆に回転させ構えを戻す。

Turn around the reverse around its middle line and return to the guard position.

Effectuer la rotation inverse autour de sa ligne médiane et revenir en position de garde.

3-5-4. 左突き胴 / Left punch to the chest *(hidari-tsuki-dô)* / Coup de poing gauche au thorax *(hidari-tsuki-dô)*

中段の構えから左突き胴

How to perform a left punch to the chest *(hidari-tsuki-dô)* from the *chûdan-gamae* guard position.

Comment effectuer un coup de poing gauche au thorax *(hidari-tsuki-dô)* à partir de la position de garde *chûdan-gamae*.

右手開掌拳（手のひら）で顔面を防御し、立て拳もしくは伏拳（立て拳から親指側に 90 度ひねる）で自分の水月の位置を目標に相手（仮想）の胴を突く。

Protect your face with your left hand open in *kaishôken*, and hit the thorax of your (virtual) opponent by aiming the height of your own celiac plexus with a left fist in a *tateken* vertical position (with the thumb at the top) or in horizontal position *fuseken* (with the thumb down).

Se protéger le visage de la main gauche ouverte en *kaishôken*, et frapper le thorax de l'adversaire (virtuel) en visant la hauteur de son propre plexus cœliaque avec un poing gauche en position verticale *tateken* (avec le pouce en haut) ou en position horizontale *fuseken* (avec le pouce en bas).

構えに戻して中段の構え

Return to the initial position of *chûdan-gamae* guard.

Retrouver la position initiale de garde *chûdan-gamae*.

3-5-5. 右突き胴 / Right punch to the chest *(migi-tsuki-dô)* / Coup de poing droit au thorax *(migi-tsuki-dô)*

中段の構えから右突き胴

How to perform a right punch to the chest *(migi-tsuki-dô)* from the *chûdan-gamae* guard position.

Comment effectuer un coup de poing droit au thorax *(migi-tsuki-dô)* à partir de la position de garde *chûdan-gamae*.

前寄足で前進し立て拳もしくは伏拳にて自分の水月の位置を目標に相手（仮想）の胴を突く。左手は顔面を防御し、上半身の回転を加速させる。左足は少し左前に出し、上体を安定させる。

Make a front move in *suriashi*, and hit your (virtual) opponent's chest by aiming at the height of your own celiac plexus with a right fist in an upright position *(tateken)* or in a horizontal position *(fuseken)*. Protect your face with your left hand and accelerate the rotation of the bust. Slightly move the left foot to the left to stabilize the bust.

Avancer en un déplacement avant en *suriashi*, et frapper le thorax de l'adversaire (virtuel) en visant la hauteur de son propre plexus cœliaque avec un poing droit en position verticale *(tateken)* ou en position horizontale *(fuseken)*. Protéger son visage de la main gauche et accélérer la rotation du buste. Avancer légèrement le pied gauche vers la gauche pour stabiliser le buste.

中段の構えに戻す。

Return to the the initial position of *chûdan-gamae* guard.

Retrouver la position initiale de garde *chûdan-gamae*.

3-5-6.　左突き蹴り / Left kick *(hidari-tsukikeri)* / Coup de pied gauche *(hidari-tsukikeri)*

中段の構えから左突き蹴り

How to perform a left kick *(hidari-tsukikeri)* from the *chûdan-gamae* guard position.

Comment effectuer un coup de pied gauche *(hidari-tsukikeri)* à partir de la position de garde *chûdan-gamae*.

右足を身体の中心線下まで寄せ足しをする。
膝は出来るだけ高く胸に引き付けるように上げる。
左手で顔面、右手で急所を防御。

Move the right foot to the bottom of the middle line of the body, which is to lift the right knee, trying to raise it as close as possible to the chest.
Protect your face with your left hand and your vitals with the right hand.

Approcher le pied droit de l'entrejambe, en essayant de monter le genou aussi près possible de la poitrine.
Se protéger le visage de la main gauche et les parties vitales de la main droite.

相手（仮想）の水月を目標に胴を蹴る。
軸足の踵は上げ、両手は軽く握り構えを保ち自分の胴を防御する。
待ち蹴り（相手の前進に合わせて蹴る）の場合は踵を上げず重心を安定させて蹴る。

Stretch the leg for a kick to your (virtual) opponent's chest by aiming at your celiac plexus. Raise the heel of your support foot. Keep both fists slightly clenched in the guard position to protect your own chest.

In case of *machikeri* (kick when your opponent moves forward), do not raise the heel : stabilize your center of gravity before kicking.

Tendre la jambe pour un coup de pied au thorax de l'adversaire (virtuel) en visant son plexus cœliaque. Lever le talon de son pied d'appui. Garder les deux poings légèrement serrés en position de garde pour protéger son propre thorax.

En cas de *machikeri* (coup de pied au moment où l'adversaire avance), ne pas lever le talon : assurer la stabilité de son centre de gravité avant de donner un coup de pied.

蹴ったあとは元の位置まで足を引く。

After kicking, lower your leg with the knee bent.

Après avoir donné le coup de pied, redescendre sa jambe avec le genou plié.

寄せ足した状態に戻し、中段に構える。

Put both feet back to the ground and return to the original guard position.

Remettre les deux pieds au sol et reprendre la position de garde initiale.

3-5-7. 右突き蹴り / Right kick *(migi-tsukikeri)* / Coup de pied droit *(migi-tsukikeri)*

中段の構えから右突き蹴り

How to perform a right kick *(migi-tsukikeri)* from the *chûdan-gamae* guard position.

Comment effectuer un coup de pied droit *(migi-tsukikeri)* à partir de la position de garde *chûdan-gamae*.

左足は摺足で少し踏み込み、右膝を引き付け膝を出来るだけ高く上げる。

Slightly advance the left foot in *suriashi*. Approach the right knee of the left leg in support, then lift the right leg as high as possible.

Avancer légèrement le pied gauche en *suriashi*. Approcher le genou droit de la jambe gauche en appui, pour ensuite lever la jambe droite le plus haut possible.

相手（仮想）の水月を目標に胴を蹴る。
左手で顔面、右手で急所を防御。

Kick your (virtual) opponent's chest by aiming at your celiac plexus. Keep both fists slightly clenched in the guard position to protect your flanks.
Protect your face with your left hand and your vitals with the right hand.

Donner un coup de pied au thorax de l'adversaire (virtuel) en visant son plexus cœliaque. Garder les deux poings légèrement serrés en position de garde pour protéger ses flancs.
Se protéger le visage de la main gauche et les parties vitales de la main droite.

蹴ったあとは素早く足を引く。

After kicking, quickly fold the leg.

Après avoir donné le coup de pied, replier rapidement la jambe.

中段の構えに戻る。

Return to the *chûdan-gamae* guard position.

Revenir en position de garde *chûdan-gamae*.

3-5-8. 左横突き蹴り / Left-side kick *(hidari-yoko-tsukikeri)* / Coup de pied latéral gauche *(hidari-yoko-tsukikeri)*

中段の構えから左横突き蹴り

How to perform a left-side kick *(hidari-yoko-tsukikeri)* from the *chûdan-gamae* guard position.

Comment effectuer un coup de pied latéral gauche *(hidari-yoko-tsukikeri)* à partir de la position de garde *chûdan-gamae*.

重心を軸足に乗せる。

Shift your body weight to the supporting leg (right leg).

Déporter la gravité de son corps sur sa jambe d'appui (jambe droite).

膝を出来るだけ内側に引き寄せ高く上げる。
右手で顔面、左手で急所を防御。

Bring the left knee inwards (towards the supporting leg) and raise it as high as possible.
Protect your face with your left hand and your vitals with the right hand.

Rapprocher le genou gauche vers l'intérieur (vers la jambe d'appui) et le lever le plus haut possible.
Se protéger le visage de la main gauche et les parties vitales de la main droite.

軸足のつま先は蹴り足に対して約 90 度の位置にする。相手（仮想）の水月を目標に胴を蹴り踵は上げ両手で稲妻を防御する。

Position the orientation of the foot of the supporting leg at 90° from the leg that will strike. Raise the heel to kick your (virtual) opponent's chest by aiming at your celiac plexus. Place both fists on each side of the hips to protect your flanks.

Positionner l'orientation du pied de la jambe d'appui à 90° de la jambe qui va frapper. Lever le talon pour donner un coup de pied au thorax de l'adversaire (virtuel) en visant son plexus cœliaque. Placer ses deux poings de chaque côté des hanches pour se protéger les flancs.

蹴った後は素早く元の位置に足を戻す。

After kicking, quickly fold the leg.

Après avoir donné le coup de pied, replier rapidement la jambe.

中段の構えに戻す。

Return to the *chûdan-gamae* guard position.

Revenir en position de garde *chûdan-gamae*.

3-5-9. 右横突き蹴り / Right side kick *(migi-yoko-tsukikeri)* / Coup de pied latéral droit *(migi-yoko-tsukikeri)*

中段の構えから右横突き蹴り

How to perform a right side kick *(migi-yoko-tsukikeri)* from the *chûdan-gamae* guard position.

Comment effectuer un coup de pied latéral droit *(migi-yoko-tsukikeri)* à partir de la position de garde *chûdan-gamae*.

左足を軸にして腰を中心に身体を反転させ膝は出来るだけ高く上げる。
左手で顔面、右手で急所を防御

Make a U-turn of the hip by leaning on your left leg, and lift the right knee as high as possible.
Protect your face with your left hand and your vitals with the right hand.

Faire un demi-tour de la hanche en s'appuyant sur sa jambe gauche, et lever le genou droit aussi haut que possible.
Se protéger le visage de la main gauche et les parties vitales de la main droite.

踵はあげ両手で稲妻を防御し、相手（仮想）の水月を目標に胴を蹴る。

Protect your flanks by placing both fists on each side of the hips. Raise the heel and punch your (virtual) opponent's chest by aiming at your celiac plexus.

Se protéger les flancs en plaçant ses deux poings de chaque côté des hanches. Lever le talon et donner un coup de poing au thorax de l'adversaire (virtuel) en visant son plexus cœliaque.

蹴った後は素早く蹴り足を引く。

After kicking, quickly fold the leg.

Après avoir donné le coup de pied, replier rapidement la jambe.

身体を反転させ中段の構えに戻す。

Make a new U-turn to return to the *chûdan-gamae* guard position.

Faire un nouveau demi-tour pour revenir en position de garde *chûdan-gamae*.

◯ 3-6. 受け技（円の動きを基本にした受け方）/ Defense Techniques *(uke)*: Defense techniques based on circular movements / Parades *(uke)* : parades se basant sur des mouvements circulaires

3-6-1. 両手による上受けの動き / High Technique *(uwa-uke)* with both hands / Parade haute *(uwa-uke)* avec les deux mains

手技による円の動きを基本にした受け方

The principle of hand techniques is a circular motion.

Le principe des parades avec les mains est un mouvement circulaire.

上受けの動き
並行立ちで水月で合掌する。

Movement for a high technique
Standing with parallel feet apart *(heikô-dachi)*, join both hands in front of the celiac plexus.

Mouvement pour une parade haute
Debout, les pieds parallèles écartés *(heikô-dachi)*, joindre les deux mains devant le plexus cœliaque.

水月から円を描くように両斜め 45 度の方向に向かい両開掌拳を押し出す。

Spread hands in a circular motion in a 45° bias trajectory, while opening them in *kaishôken* as if to push.

Écarter les mains en un mouvement circulaire dans une trajectoire de biais de 45°, tout en les ouvrant en *kaishôken* comme pour pousser.

手刀拳を人中の高さで止める。

Stop the position when the edge of both hands is at the height of the philtrum.

Arrêter la position quand le tranchant des deux mains se trouve à hauteur du philtrum.

上受けの技形

Position of the high technique *(uwa-uke no waza)*

Position de la parade haute *(uwa-uke no waza)*

3-6-2. 両手による掬い受けの動き / Technique with scooping motion *(sukui-uke)* with both hands / Parade en cuiller *(sukui-uke)* avec les deux mains

人中の高さから同じく円を描く様に降ろす。

To chain from the previous position, lower the hands which are then at the height of the philtrum by making a circular downward motion.

Pour enchaîner à partir de la position précédente, baisser les mains qui sont alors à hauteur du philtrum en effectuant un mouvement circulaire vers le bas.

手首を水月の前の位置で返し掌を上に向ける。

When they are at the level of the celiac plexus, turn the wrists so that the palm is pointed upwards.

Continuer à les descendre jusqu'au bas-ventre, où elles se rejoignent (prête à parer d'un mouvement de bas vers le haut).

丹田（臍の下）のあたりまで掬い手を下ろし合わせる。（掬い受けの技形）

Continue to lower them to the lower abdomen, where they meet (ready to parse with a bottom-up movement). Position of the technique with scooping motion *(sukui-uke no waza)*

Ramener les mains jointes devant le plexus cœliaque, en position initiale. Position de la parade en cuiller *(sukui-uke no waza)*.

元の位置に戻し合掌

Bring the joined hands in front of the celiac plexus in the initial position.

Ramener les mains jointes devant le plexus cœliaque, en position initiale.

下方斜め 45 度方向に両手刀拳を下ろす。

Lower the edge of your hands in front of you in a 45° skewed trajectory.

Baisser le tranchant des mains devant soi dans une trajectoire en biais de 45°.

3-6-3. 両手による下受けの動き / Low Technique (shita-uke) with both hands / Parade basse (shita-uke) avec les deux mains

丹田の下、両太ももの外側で止める。（下受けの技形）

Spread hands to stop them at the lower abdomen, on either side of the thighs. Position of the low technique (shita-uke no waza).

Écarter les mains pour les arrêter au niveau du bas-ventre, de chaque côté des cuisses. Position de la parade basse (shita-uke no waza).

下受けの技形から水月の高さまで円を描くように手刀を前 45 度の方向に押し出す。

From the shita-uke position, raise your hands in a circular forward motion to the height of the celiac plexus so that the edge forms a 45° angle to the body.

De la position shita-uke, remonter les mains en un mouvement circulaire vers l'avant jusqu'à la hauteur du plexus cœliaque de manière à ce que le tranchant forme un angle de 45° par rapport au corps.

3-6-4. 両手による横受けの動き / Side Display *(yoko-uke)* with both hands / Parade latérale *(yoko-uke)* avec les deux mains

水月の高さあたりで手首を返す。

When they have reached the level at the height of the celiac plexus, turn the wrists (palm in the air).

Quand elles sont arrivées au niveau à la hauteur du plexus cœliaque, retourner les poignets (paume en l'air).

手首を返した後、前方斜め各45度の方向から水月に向けて弧を描く。

Continue the circular motion forward by raising your hands on a 45° skewed trajectory, palm facing the celiac plexus.

Continuer le mouvement circulaire vers l'avant en levant les mains selon une trajectoire en biais de 45°, les pouces dirigés vers le plexus cœliaque.

外側から内側にむけて横に払うイメージで顔の前で合掌しながら水月に引き寄せる。（横受けの技形）

Bring both hands towards the face in a lateral gesture from the outside to the inside so that they meet at the level of the celiac plexus. Position of the lateral display *(yoko-uke no waza)*.

Ramener les deux mains vers le visage dans un geste latéral de l'extérieur vers l'intérieur pour qu'elles se rejoignent au niveau du plexus cœliaque. Position de la parade latérale *(yoko-uke no waza)*.

両手を水月で合掌し元の位置に戻す。

Bring the joined hands together in front of the celiac plexus, in their initial position.

Ramener les mains jointes devant le plexus cœliaque, dans leur position initiale.

3-6-5. 左手（前手）による上受け / High Technique *(uwa-uke)* with the left hand (front hand) / Parade haute *(uwa-uke)* avec la main gauche (main avant)

中段の構えから左上受け

How to perform a high left technique (*hidari uwa-uke*) from the *chûdan-gamae* guard position.

Comment effectuer une parade haute gauche *(hidari uwa-uke)* à partir de la position de garde *chûdan-gamae*.

左手を開掌拳にし、水月の前で右拳と合わせる。

Open the left hand in *kaishôken*, and bring it towards the right fist near the celiac plexus.

Ouvrir la main gauche en *kaishôken*, et la ramener vers le poing droit près du plexus cœliaque.

左前方 45 度の方向、上に向け円を描きながら人中の高さで手刀拳で受ける。（左上受けの技形）

Carry out a circular movement upwards in a 45° trajectory towards the left, and trim (a blow) with the edge of the left hand at the height of the philtrum. Position of the high display with the left hand *(hidari uwa-uke no waza)*.

Effectuer un mouvement circulaire vers le haut dans une trajectoire de 45° vers la gauche, et parer (un coup) du tranchant de la main gauche à hauteur du philtrum. Position de la parade haute avec la main gauche *(hidari uwa-uke no waza)*.

3-6-6. 左手（前手）による掬い受け / Scooping Technique *(sukui-uke)* with the left hand / Parade en cuiller *(sukui-uke)* avec la main gauche

左掬い受けの技形
円を描くように上受けから水月の前あたりで手首を返す。

Position of the scooping motion technique with the left hand *(hidari sukui-uke)*
From the high display, bring the left hand up to the celiac plexus in a circular motion and turn the wrist (palm in the air).

Position de la parade en cuiller avec la main gauche *(hidari sukui-uke)*
À partir de la parade haute, ramener la main gauche à hauteur du plexus cœliaque dans un mouvement circulaire et retourner le poignet (paume en l'air).

最終的に水月で構えた右拳の下に左肘がくるように掬う。

Bring the left elbow under the right fist which has remained on guard at the level of the celiac plexus.

Ramener le coude gauche sous le poing droit resté en garde au niveau du plexus cœliaque.

蹴り足を手首から掌の間に乗せるように掬う。

Result: The opponent's striking leg comes between the wrist and the palm. Parry by gesturing from the bottom up with the left hand.

Résultat : La jambe de frappe de l'adversaire arrive entre le poignet et la paume. Parer en faisant un geste de bas vers le haut avec la main gauche.

3-6-7. 左手（前手）による下受けから横受け / Chain of low technique *(shita-uke)* with the left hand with a side technique *(yoko-uke)* with the left hand / Enchaînement d'une parade basse *(shita-uke)* avec la main gauche avec une parade latérale *(yoko-uke)* avec la main gauche

左下受けから左横受けの技形

Chaining a low technique *(shita-uke)* with the left hand with a side technique *(yoko-uke)* with the left hand.

Enchaînement d'une parade basse *(shita-uke)* avec la main gauche avec une parade latérale *(yoko-uke)* avec la main gauche.

水月から左下45度方向に左手刀で円を描く様に払う。

Make a circular motion with the edge of the left hand in a 45º downward-left trajectory in relation to the celiac plexus.

Faire un mouvement circulaire avec le tranchant de la main gauche dans une trajectoire de 45º vers le bas à gauche par rapport au plexus cœliaque.

左横受けの技形、左手刀を水月の前で手首を返し円を描くように動かす。

Follow up with the left side technique *(hidari yoko-uke no waza)*: reassemble the edge of the left hand in front of the celiac plexus in a circular motion and turn the wrist.

Enchaîner avec la parade latérale gauche *(hidari yoko-uke no waza)* : remonter d'un mouvement circulaire le tranchant de la main gauche devant le plexus cœliaque et faire retourner le poignet.

手首を返した後開掌拳で円を描くように動かす。

More detailed instruction : put your hand in *kaishôken* to make the circular motion.

Consigne plus détaillée : mettre la main en *kaishôken* pour effectuer le mouvement circulaire.

左掌は人中の前を通過させる。

Pass the left hand on the other side of the philtrum.

Faire passer la main gauche de l'autre côté du philtrum.

左の開掌拳は最終的に顔の右横で止める。

That is to say stop the hand in *kaishôken* in front of the face, on the right side.

C'est-à-dire arrêter la main en *kaishôken* devant le visage, côté droit.

中段の構えに戻る。

Return to *chûdan-gamae* guard position.

Revenir en position de garde *chûdan-gamae*.

3-6-8. 左手（前手）による落とし受け / Technique with blocking pushed down *(otoshi-uke)* with left hand / Parade avec blocage poussé vers le bas *(otoshi-uke)* avec la main gauche

左開掌拳による落し受け、左肘を垂直に上げる。

Technique with blocking pushed down (*otoshi-uke*) with left hand in *kaishôken*. Raise the left elbow vertically.

Parade avec blocage poussé vers le bas *(otoshi-uke)* avec la main gauche en *kaishôken*. Lever verticalement le coude gauche.

左手指をカギの形にして相手の拳の上にかぶせ、左手首のスナップを利かせて垂直に落とす。

Form a key with the fingers of the left hand to grab them on the opponent's fist. Push the left wrist vertically downwards.

Former une clé avec les doigts de la main gauche pour les agripper sur le poing de l'adversaire. Pousser verticalement le poignet gauche vers le bas.

中段の構えに戻す。

Return to the *chûdan-gamae* guard position.

Revenir en position de garde *chûdan-gamae*.

3-6-9. 右手（後ろ手）による上受け / High Technique *(uwa-uke)* with right hand (back hand) / Parade haute *(uwa-uke)* avec la main droite (main arrière)

右手（後ろ手）による上受け

High technique *(uwa-uke)* with right hand (back hand)

Parade haute *(uwa-uke)* avec la main droite (main arrière)

右手を水月から右方向約 45 度に円を描く様に伸ばし、人中の高さで止める。下半身は右突き面の動きに同じ

Circular motion in a 45° trajectory to the right in relation to the celiac plexus, and stop it, open, at the height of the philtrum. The movement of the legs is the same as for a "right punch to the face" *(migi-tsuki-men)*.

Tendre la main droite en un mouvement circulaire dans une trajectoire de 45° vers la droite par rapport au plexus cœliaque, et l'arrêter, ouverte, à hauteur du philtrum. Le mouvement des jambes est le même que pour un « coup de poing droit au visage » *(migi-tsuki-men)*.

3-6-10. 右手（後ろ手）による掬い受け / Technique with scooping motion *(sukui-uke)* with right hand (back hand) / Parade en cuiller *(sukui-uke)* avec la main droite (main arrière)

右手（後ろ手）による掬い受け

Scooping motion technique *(sukui-uke)* with right hand (back hand)

Parade en cuiller *(sukui-uke)* avec la main droite (main arrière)

右約 45 度の方向に水月（あるいは人中）の高さで手刀拳を伸ばす。

Stretch the edge of the right hand at the height of the celiac plexus (or of the philtrum) on a trajectory of about 45° on the right.

Tendre le tranchant de la main droite à hauteur du plexus cœliaque (ou du philtrum) sur une trajectoire d'environ 45° sur la droite.

手首を返し円を描きながら掌から手首にかけて相手の蹴り足を掬う。親指は必ずたたむ。

Flip the wrist, make a circular motion to parry and receive the opponent's kick between the palm and wrist. Always keep your thumb folded.

Retourner le poignet, effectuer un mouvement circulaire pour parer et recevoir le coup de pied de l'adversaire entre la paume et le poignet. Garder toujours le pouce replié.

3-6-11. 右手（後ろ手）による下受け / Low Technique *(shita-uke)* with right hand (back hand) / Parade basse *(shita-uke)* avec la main droite (main arrière)

右手（後ろ手）による下受け

Low technique *(shita-uke)* with right hand (back hand)

Parade basse *(shita-uke)* avec la main droite (main arrière)

右下（太ももの前）前方約 45 度に右手刀拳を落とし相手の蹴り足もしくは胴突きを受ける。

Lower the edge of the right hand in a 45° trajectory to the right (in front of the thigh) to place a kick or a punch to the opponent's chest.

Baisser le tranchant de la main droite dans une trajectoire de 45° vers la droite (devant la cuisse) pour parer un coup de pied ou un coup de poing au thorax de l'adversaire.

受けた後、手首を返し水月に戻し中段の構えに戻る。

After the technique, turn the wrist and place it back at the level of the celiac plexus, return to the position of guard *chûdan-gamae.*

Après la parade, retourner le poignet et le replacer au niveau du plexus cœliaque, revenir en position de garde *chûdan-gamae.*

3-6-12. 右手（後ろ手）による横受け / Side Technique *(yoko-uke)* with right hand (back hand) / Parade latérale *(yoko-uke)* avec la main droite (mainarrière)

右手（後ろ手）による横受け

Side technique *(yoko-uke)* with right hand (back hand)

Parade latérale *(yoko-uke)* avec la main droite (main arrière)

中段の構えから左拳を水月に引き寄せると同時に右開掌拳を前に出し円を描く様に正面で受け顔の左側まで払いながら運ぶ。

From the *chûdan-gamae* guard position, bring the left fist back to the celiac plexus at the same time as one extends the right hand in *kaishôken* in front of you by making a circular motion to adorn from the front, then bring back the right hand in front of the face, on the left side.

De la position de garde *chûdan-gamae*, ramener le poing gauche vers le plexus cœliaque en même temps que l'on tend la main droite en *kaishôken* devant soi en effectuant un mouvement circulaire pour parer de face, puis ramener la main droite devant le visage, côté gauche.

3-6-13. 右手（後ろ手）による落し受け / Technique with blocking pushed down *(otoshi-uke)* with right hand (back hand) / Parade avec blocage poussé vers le bas *(otoshi-uke)* avec la main droite (main arrière)

右手（後ろ手）による落し受け

Technique with blocking pushed down *(otoshi-uke)* with right hand (back hand)

Parade avec blocage poussé vers le bas *(otoshi-uke)* avec la main droite (main arrière)

右手指をカギの形にして相手の拳の上にかぶせ、 右手指のスナップを利かせて垂直に落とす。

Form a key with the fingers of the right hand to grab them on the opponent's fist. Push the right wrist vertically downwards.

Former une clé avec les doigts de la main droite pour les agripper sur le poing de l'adversaire. Pousser verticalement le poignet droit vers le bas.

肘はできるだけ身体に近づけて真下に落とすことを心掛ける。

Strive to keep elbows close to the body, to push the right wrist just below.

S'efforcer de garder les coudes près du corps, pour pousser le poignet droit juste en dessous.

中段の構えに戻す。

Return to the *chûdan-gamae* guard position.

Revenir en position de garde *chûdan-gamae*.

◯ 3-7. かわし技 / Dodges *(kawashi-waza)* / Esquives *(kawashi-waza)*

3-7-1. 反身（そりみ）/ Dodging backwards *(sorimi)* / Esquive en se courbant en arrière *(sorimi)*

躱技（かわし技）　反身（そりみ）

Dodges *(kawashi-waza)*
Dodging backwards *(sorimi)*

Esquives *(kawashi-waza)*
Techniques d'esquives : le *sorimi*

中段の構えから重心を後ろ足に乗せ顎を引いて
上体を少しひねりながら後ろに大きく反らす。
右足（軸足）の踵は地面につける。

In the *chûdan-gamae* guard position, move the center of gravity to the back leg, lower the chin and with a slight twist, bend the body widely backwards. The heel of the right leg (support leg) should be flat on the floor.

En position de garde *chûdan-gamae* , déplacer le centre de gravité sur la jambe arrière, baisser le menton et, avec un léger déhanchement, courber le corps largement vers l'arrière. Le talon de la jambe droite (jambe d'appui) doit être à plat sur le sol.

中段の構えに戻す。

Return to the *chûdan-gamae* guard position.

Revenir en position de garde *chûdan-gamae*.

3-7-2. 沈身（しずみみ）から潜身（くぐりみ）/ From dodging *(shizumimi)* to circular dodge *(kugurimi)* / De l'esquive en s'abaissant *(shizumimi)* à l'esquive circulaire *(kugurimi)*

沈身（しずみ）から潜身（くぐりみ）

From dodging *(shizumimi)* to circular dodge *(kugurimi)*

De l'esquive en s'abaissant *(shizumimi)* à l'esquive circulaire *(kugurimi)*

中段の構えから膝を折り沈む。腰は立てる。身体沈んで相手の攻撃を躱し、そのまま元に戻れば沈身となる。

From the *chûdan-gamae* guard position, lower yourself by bending your knees. Keep the pelvis straight (return the belly). Dodge the attack of the opponent by lowering your body.
This position is called *shizumimi*.

De la position de garde *chûdan-gamae,* s'abaisser en pliant les genoux. Garder le bassin droit (rentrer le ventre). Esquiver l'attaque de l'adversaire en se baissant.
Cette position s'appelle *shizumimi*.

潜身（くぐりみ）
沈身から頭で円を描くように上体を左（右）に移動させる。

Circular dodge *(kugurimi)*
From the *shizumimi* position, move the bust to the left (or right) by describing an arc of a circle with the head.

Esquive circulaire *(kugurimi)*
De la position *shizumimi*, déplacer le buste vers la gauche (ou la droite) en décrivant un arc de cercle avec la tête.

頭で円を描くように膝を使って頭の動きに合わせるように上体を左に回す上体を左に動かす。

That is, move crouching to the left (or right) by describing an arc of a circle with your body, matching the movement of your head.

C'est-à-dire se déplacer accroupi vers la gauche en décrivant un arc de cercle vers la gauche avec son corps qui suit le mouvement de sa tête.

膝を動かし相手の突き蹴り技をかいくぐって躱し元の構えに戻る。

This knee game allows you to dodge the opponent's kick by bypassing it. Return to the position of *chûdan-gamae* guard.

Ce jeu de genoux permet d'esquiver le coup de pied de l'adversaire en le contournant. Revenir en position de garde *chûdan-gamae*.

3-7-3. 引き身（巴受け）/ Dodge by pelvis recoil *(hikimi)* and technique for encircling the foot *(tomoe-uke)* / Parade par recul du bassin *(hikimi)* et par encerclement du pied *(tomoe-uke)*

巴受け
中段の構え

Technique for encircling of the foot *(tomoe-uke)*
Chûdan-gamae guard position.

Parade par encerclement du pied *(tomoe-uke)*
Position de garde *chûdan-gamae*

下腹をへこませお尻を後方に突き出し後ろ足に
重心を乗せる。(猫足立)
左手は掬い受け、右手は掛け受けの技形で相手
の足首を挟む。

Tuck the belly and bulge the buttocks backwards.
Transfer the center of gravity to the back leg to put
itself in the "cat position" *(neko-ashi-dachi)*. With
the left hand, parry in *sukui-uke*, and close the right
hand in *kake-uke*, that is, by grabbing the opponent's
ankle over.

Rentrer le ventre et bomber les fesses vers l'arrière.
Transférer le centre de gravité sur la jambe arrière
pour se mettre en « position du chat » *(neko-ashi-
dachi)*. Avec la main gauche, parer en *sukui-uke,* et
refermer la main droite en *kake-uke,* c'est-à-dire en
saisissant la cheville de l'adversaire par-dessus.

3-7-4. 引き身、巴受けから返し蹴り（揚げ蹴り） / Dodge by pelvis recoil *(hikimi)* and *tomo-uke*
technique *(kaeshi-geri)* with a kickin the air to the crotch *(age-geri)* / De l'esquive par recul du
bassin *(hikimi)* et parade *tomo-uke* en rendant le coup de pied *(kaeshi-geri)* avec un coup de pied
en l'air dans l'entrejambe *(age-geri)*

返し蹴り
相手の蹴り足を十分に引き込み。
股を空撃で蹴る。
蹴り足は「揚げ蹴り」

Make the kick *(kaeshi-geri)*
Pull the opponent's leg towards you.
Kick the thigh (the crotch), using the technique of
kicking in the air *(age-geri)*.

Rendre le coup de pied *(kaeshi-geri)*
Tirer la jambe de l'adversaire vers soi. Frapper d'un
coup de pied en visant la cuisse (l'entrejambe), en
utilisant la technique du coup de pied en l'air *(age-
geri)*.

中段の構えに戻す。

Return to the *chûdan-gamae* guard position.

Revenir en position de garde *chûdan-gamae*.

左右膝蹴

Knee strokes *(hiza-geri)* right and left

Coups de genoux *(hiza-geri)* droit et gauche

中段の構えから右足（軸足）を身体の中心に寄せる。

From the *chûdan-gamae* guard position, move the middle line of the body on the right leg (support leg.)

De la position de garde *chûdan-gamae*, déplacer la ligne médiane du corps sur la jambe droite (jambe d'appui.)

相手の身体をつかみ引き落として左膝頭で相手の胴を蹴る。撃力を増すために軸足の踵は上げると良い。

Pull the opponent's body towards you to put him off balance and give a knee kick by aiming at his chest. Lift the heel of the supporting leg (get on the tip of your foot) to take advantage of the impulsive force.

Tirer vers soi le corps de l'adversaire pour le déséquilibrer et donner un coup de genou gauche en visant son thorax. Lever le talon de la jambe d'appui (se mettre sur la pointe du pied) pour tirer parti de la force de percussion.

構えを元に戻す。

Return to the position of face guard *chûdan-gamae*.

Revenir en position de garde de face *chûdan-gamae*.

中段の構えからそのまま相手の上体を引き落とし膝頭で相手の胴を蹴る。撃力を増すためには軸足の踵を上げると良い。

In a *chûdan-gamae* guard position, pull the opponent's body towards you and give him a knee kick by aiming at his chest. Lift the heel of the supporting leg (get on the tip of your foot) to take advantage of the impulsive force.

En position de garde *chûdan-gamae*, tirer vers soi le corps de l'adversaire pour le déséquilibrer et donner un coup de genou en visant son thorax. Lever le talon de la jambe d'appui (se mettre sur la pointe du pied) pour tirer parti de la force de percussion.

相手の面金を掴み反則にならぬよう要注意。

Be careful not to grasp the metal mesh of the helmet, as this would be considered as foul play.

Attention de ne pas agripper le grillage de son casque, car cela constituerait une faute (pénalité).

中段の構えに戻す。

Return to the *chûdan-gamae* guard position.

Revenir en position de garde *chûdan-gamae.*

4. 二人形 / Kata for two / *Kata* à deux

○ 4-1. 基本攻防連続技 / Chain of attack and defense techniques / Enchaînement de techniques d'attaque et de défense

二人形

Kata for two

Kata à deux

左突き面からの連続基本攻防技

A series of attacking and defensive techniques with a left punch to the face *(hidari-tsuki-men)* as a starting point.

Enchaînement de techniques d'attaque et de défense avec pour point de départ un coup de poing gauche au visage *(hidari-tsuki-men)*

蹲踞

Squatting position (*sonkyo*)

Position accroupie (*sonkyo*)

礼

Hi *(rei)*

Salut *(rei)*

蹲踞（元の位置）

Squatting position *(sonkyo)* : back to initial position

Position accroupie *(sonkyo)* : retour à la position initiale

中段の構え

Chûdan-gamae guard position.

Position de garde *chûdan-gamae*.

左突き面を右横受けで受ける。

The left punch to the face *(hidari-tsuki-men)* is blocked by a right side technique *(migi-yoko-uke)*

Le coup de poing gauche au visage *(hidari-tsuki-men)* est bloqué par une parade latérale droite *(migi-yoko-uke)*.

さらに踏み込んで突いてくる相手の右突き面を左手をカギの形にして、相手の拳あるいは手首にかぶせる。

The opponent's next attack, a right punch to the face *(migi-tsuki-men)*, is blocked by forming a fist with your left hand.

L'attaque suivante de l'adversaire, un coup de poing droit au visage *(migi-tsuki-men)*, est bloquée en formant une clé avec sa main gauche.

相手の右拳を肘から垂直に真下に落とす。

The opponent's fist is then pushed vertically downwards with the elbow.

On pousse alors verticalement le poing de l'adversaire vers le bas avec le coude.

右突き面で反撃

Counterattack with a right punch to the face *(migi-tsuki-men)*.

Contre-attaque avec un coup de poing droit au visage *(migi-tsuki-men)*.

左横受けで受ける。

Left side technique.

Parade latérale gauche.

右突き胴で反撃
落とし引き身から左下受けで受ける。

Counterattack with a right punch to the chest.
Dodge by recoil of the pelvis *(hikimi)*, followed by a scooping motion technique *(sukui-uke)* with the left hand.

Contre-attaque avec un coup de poing droit au thorax.
Esquive par recul du bassin *(hikimi)*, suivi d'une parade en cuiller *(sukui-uke)* avec la main gauche.

左蹴り胴で反撃

Counterattack with a left kick to the chest.

Contre-attaque avec un coup de pied gauche au thorax.

左蹴り胴を巴受け（右手掬い受け左下掛け受けで両手を合わせる）で受ける。

The left kick to the chest is adorned with a *tomoe-uke* (parry in *sukui-uke* with the right hand and *kake-uke* by grabbing the opponent's foot with the left hand).

Le coup de pied gauche au thorax est paré avec un *tomoe-uke* (parer en *sukui-uke* avec la main droite et en *kake-uke* en saisissant le pied de l'adversaire avec la main gauche).

左揚げ蹴りで股を蹴り返し蹴りの形をとる。
（空撃）

Make the kata of the *kaeshi-geri* by kicking up to the opponent's crotch at the thigh (*kûgeki* fight, i.e. controlled with stoppage just before impact).

Réaliser le kata du *kaeshi-geri* en donnant un coup de pied vers le haut dans l'entrejambe de l'adversaire au niveau de la cuisse (combat *kûgeki*, c'est-à-dire contrôlé avec arrêt juste avant impact).

相手の左突き面に左突き蹴りで合わせる。

How to respond to a left punch to the face *(hidari-tsuki-men)* of the opponent with a left kick *(hidari-tsuki-keri)* ?

Comment répondre à un coup de poing gauche au visage *(hidari-tsuki-men)* de l'adversaire par un coup de pied gauche *(hidari-tsuki-keri)* ?

左足の裏足で相手の稲妻を蹴る。

With a left kick with the sole of the foot on the flank of the opponent.

Avec un coup de pied gauche avec la plante du pied sur le flanc de l'adversaire.

相手の右突き面に右蹴り胴で合わせる。

How to respond to a right punch to the face *(migi-tsuki-men)* of the opponent with a right kick to the chest *(migi-keri-dô)* ?

Comment répondre à un coup de poing droit au visage *(migi-tsuki-men)* de l'adversaire par un coup de pied droit au thorax *(migi-keri-dô)* ?

蹴り足は相手の水月を蹴る。（空撃）

With a kick to the opponent's coeliac plexus (*kûgeki* fight, i.e. controlled with a stop just before impact).

Avec un coup de pied au niveau du plexus cœliaque de l'adversaire (combat *kûgeki*, c'est-à-dire contrôlé avec arrêt juste avant impact).

中段の構え

Chûdan-gamae guard position.

Position de garde *chûdan-gamae*.

4. 二人形

蹲踞

Squatting position (*sonkyo*)

Position accroupie *(sonkyo)*

礼

Hi *(rei)*

Salut *(rei)*

蹲踞（元の位置）

Squatting position *(sonkyo)* : back to initial position.

Position accroupie *(sonkyo)* : retour à la position initiale

83

5. 空乱稽古 /

Controlled free training *(kûran-geiko)* /
Entraînement libre contrôlé *(kûran-geiko)*

空乱

攻撃、反撃技すべて寸止めとし、絶対に当てないことを前提に自由に撃ち合う。

Kûran: Free combat with the only condition of never touching the opponent, i.e. that the attack and counter-attack movements are controlled and stopped just before impact *(sundome)*.

Kûran : Combat libre avec comme seule condition de ne jamais toucher l'adversaire, c'est-à-dire que les mouvements d'attaque et de contre-attaque sont contrôlés et arrêtés juste avant l'impact *(sundome)*.

蹲踞

Squatting position *(sonkyo)*

Position accroupie *(sonkyo)*

礼

Hi *(rei)*

Salut *(rei)*

蹲踞（元の位置）

Squatting position *(sonkyo)* : back to the initial position

Position accroupie (*sonkyo*) : retour à la position initiale

「始め」の合図で素早く中段の構えをつくり対峙する。

As soon as the starting signal marks the beginning of the fight, quickly put yourself in the position of *chûdan-gamae* guard to face the opponent.

Dès le signal *hajime* qui marque le début du combat, se mettre rapidement en position de garde *chûdan-gamae* pour affronter l'adversaire.

空乱稽古の攻防の例

Examples of fights in *kûran-geiko* training

Exemples de combats en entraînement *kûran-geiko*

左突き面を反身でかわす。

Dodge with a left punch to the face *(hidari-tsuki-men)* by bending back *(sorimi)*.

Esquive d'un coup de poing gauche au visage *(hidari-tsuki-men)* en se courbant en arrière *(sorimi)*.

右突き面を反身でかわす。

Dodge with a right punch to the face *(migi-tsuki-men)* by bending back *(sorimi)*.

Esquive d'un coup de poing droit au visage *(migi-tsuki-men)* en se courbant en arrière *(sorimi)*.

右揚げ蹴りを左下受けで受ける。

Low technique with the left hand *(hidari-shita-uke)* with a right kick in the air *(migi-age-geri)*.

Parade basse avec la main gauche *(hidari-shita-uke)* d'un coup de pied droit en l'air *(migi-age-geri)*.

右突き胴で反撃する。

Counterattack with a right punch to the chest *(migi-tsuki-dô)*.

Contre-attaque d'un coup de poing droit au thorax *(migi-tsuki-dô)*.

右突き面を側身（よこみ）でかわすと同時に右突き胴で反撃する。

Side dodge *(yokomi)* with a right punch to the face *(migi-tsuki-men)* and counter-attack with a right punch to the chest *(migi-tsuki-dô)*.

Esquive latérale *(yokomi)* d'un coup de poing droit au visage *(migi-tsuki-men)* et contre-attaque avec un coup de poing droit au thorax *(migi-tsuki-dô)*.

右横蹴り面で攻撃する。

Counter-attack with a right side kick to the face *(migi-yoko-geri-men)*.

Contre-attaque avec un coup de pied latéral droit au visage *(migi-yoko-geri-men)*.

右突き面を潜り身（沈み身から側身）でかわす。

Circular dodge *(kugurumi)* (dodge by lowering and then moving sideways) with a right punch to the face *(migi-tsuki-men)*.

Esquive circulaire *(kugurumi)* (esquive en s'abaissant puis déplacement latéral) d'un coup de poing droit au visage *(migi-tsuki-men)* .

上半身の動きに合わせて右突き胴で反撃する。

Faced with the movement of the bust of the opponent, counterattack with a right punch to the chest *(migi-tsuki-dô)*.

Face au mouvement du buste de l'adversaire, contre-attaque avec un coup de poing droit au thorax *(migi-tsuki-dô)*.

蹲踞

Squatting position *(sonkyo)*

Position accroupie *(sonkyo)*

礼

Hi *(rei)*

Salut *(rei)*

蹲踞（元の位置）

Squatting position *(sonkyo)* : back to the initial position

Position accroupie *(sonkyo)* : retour à la position initiale

6. 防具の着装 /
Protective clothing (bôgu) /
Tenue de protection (bôgu)

◯ 6-1. 股当ての着装 / Genital protection (mataate) / Protection génitale (mataate)

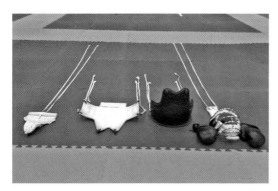

防具着装

Protective suit (bôgu)

Tenue de protection (bôgu)

股当ての着装
両足を紐に通す。

How to put genital protection (mataate)
Pass the legs between the cords.

Comment mettre la protection génitale (mataate)
Passer les jambes entre les cordons.

右手で両ひも、左手で股あての上部を持ち、上
に引き上げる。

Hold the two cords of the right hand, and the top of
the mataate in the left hand. Pull up to apply it to
the crotch.

Tenir les deux cordons de la main droite, et le haut
du mataate dans la main gauche. Tirer vers le haut
pour l'appliquer au niveau de l'entrejambe.

腰の安定した位置に紐の結び目が来るよう上下を安定させる。

Adjust the height so that the cord can be tied firmly at the waist.

Ajuster la hauteur pour que le cordon puisse être noué fermement au niveau de la taille.

前の紐の通し口に左右から紐を通す。

Pass the cords left and right into the cord passage in front of the *mataate*.

Passer les cordons à gauche et à droite dans le passant placé devant le *mataate*.

紐を締め安定させる。

Fasten tight the cord.

Fixer fermement le cordon.

後ろもしくは前で紐を結ぶ。

Tie firmly at the back or at the front.

Nouer fermement à l'arrière à l7avant.

○ 6-2. 内胴の着装 / Plastron *(uchidô)* / Plastron *(uchidô)*

内胴の着装

How to put the plastron *(uchidô)*

Comment mettre le plastron *(uchidô)*

左上後部の紐を右前の通し口に通す。

Pass the end of the cord on the left side attached behind the top of the breastplate in the right pass from the top of the breastplate (cross the cord behind the back).

Passer l'extrémité du cordon côté gauche attaché derrière en haut du plastron dans le passant droit du haut du plastron (croiser le cordon derrière le dos).

右上後部の紐を左前の通し口に通し、内胴が身体に密着するよう両方の紐を引く。

Pass the end of the cord on the right side attached behind the top of the breastplate into the left cord passage; Pull the cords in front of you to place the plastron *(uchidô)* against the body.

Passer l'extrémité du cordon côté droit attaché derrière en haut du plastron dans le passant gauche ; tirer les cordons devant soi pour plaquer le plastron *(uchidô)* contre le corps.

通し口に紐を通し、通した紐を一旦折り返して
輪の中を通し最終的に輪を作って固定させる。

Bring back the cord that we passed in the right
passage behind this passage to form a loop, pass the
cord, tighten by forming another loop with the end
so that the cord does not hang.

Faire revenir le cordon qu'on a passé dans le
passant droit derrière ce passant pour former une
boucle, y passer le cordon, serrer en formant une
autre boucle avec l'extrémité pour que le cordon
ne pende pas.

通し口に紐を通し、一旦折り返して輪の中を通
し最終的に輪を作って固定させる。

Bring back the cord that we passed in the left
passage right behind this passage to form a loop,
pass the cord, tighten by forming another loop with
the end so that the cord does not hang.

Faire revenir le cordon qu'on a passé dans le
passant gauche derrière ce passant pour former
une boucle, y passer le cordon, serrer en formant
une autre boucle avec l'extrémité pour que le
cordon ne pende pas.

内胴下部の紐は直接後ろで結ぶ。

Tie the cords of the lower part of the plastron
(uchidô) directly in the back.

Nouer directement dans le dos les cordons de la
partie inférieure du plastron (uchidô).

◯ 6-3. 外胴の着装 / Cuirasse *(sotodô)* / Cuirasse *(sotodô)*

外胴の着装

How to put on the breastplate *(sotodô)*

Comment mettre la cuirasse *(sotodô)*

身体に外胴を密着させて紐を通す。

Place the breastplate *(sotodô)* on the body and thread the cords as for the plastron.

Plaquer la cuirasse *(sotodô)* sur le corps et enfiler les cordons comme pour le plastron.

両方の紐を強く引き、外胴を安定させ、密着させる。

Pull the cords to hold the breastplate firmly *(sotodô)* and stick it tightly to the body.

Tirer fort sur les cordons pour maintenir fermement la cuirasse *(sotodô)* et bien la coller au corps.

胴左上後部の紐を右前上部の紐の通し口に通し、輪を作りその間に紐を通してさらに輪を作り強く引いて固定する。

Pass the end of the cord on the left side attached behind the top of the breastplate in the right passage from the top of the breastplate (cross the cord behind the back). Form a loop behind the left passage, pass the cord, tighten by forming another loop with the end so that the cord does not hang.

Passer l'extrémité du cordon côté gauche attaché derrière en haut de la cuirasse dans le passant droit du haut de la cuirasse (croiser le cordon derrière le dos). Former une boucle derrière le passant gauche, y passer le cordon, serrer en formant une autre boucle avec l'extrémité pour que le cordon ne pende pas.

胴右上後部の紐を左前上部の紐の通し口に通し、輪を作りの間に紐を通してさらに輪を作り強く引いて固定する。

Pass the end of the cord on the right side attached behind the top of the breastplate in the left passage from the top of the breastplate (cross the cord behind the back),
Form a loop behind the right passage, pass the cord, tighten by forming another loop with the end so that the cord does not hang.

Passer l'extrémité du cordon côté droit attaché derrière en haut de la cuirasse dans le passant gauche du haut de la cuirasse (croiser le cordon derrière le dos). Former une boucle derrière le passant droit, y passer le cordon, serrer en formant une autre boucle avec l'extrémité pour que le cordon ne pende pas.

下部の紐は直接後ろで結ぶ。

Tie the cords of the lower part of the breastplate directly into the back *(sotodô).*

Nouer directement dans le dos les cordons de la partie inférieure de la cuirasse *(sotodô).*

◯ 6-4. 面の着装 / Helmet *(men)* / Casque *(men)*

面の着装

How to put on the helmet *(men)*

Comment mettre le casque *(men)*

白いタオルを顎部分の上に乗せる。

Place a white towel on the part corresponding to the chin.

Placer une serviette blanche sur la partie correspondant au menton.

頭に白いタオルを着装する。

Wrap your head with another white towel.

S'envelopper la tête avec une autre serviette blanche.

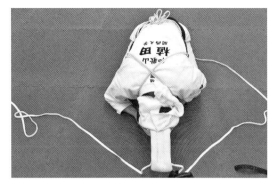

アゴから面に入れ後頭部防御部分の下に付いている紐をアゴの部分に通す。

Place your face in the helmet (*men*) by first placing the chin, lowering the back protection of the head and bringing back the cords attached to the bottom of this protection in front of the chin

Placer son visage dans le casque *(men)* en plaçant d'abord le menton, rabaisser la protection arrière de la tête et ramener les cordons attachés en bas de cette protection devant le menton.

アゴの前の面金部分で紐をクロスさせる。

Cross the cords in the metal mesh of the helmet at the bottom, in front of the chin.

Croiser les cordons dans le grillage métallique du casque en bas, devant le menton.

両方の紐を引き強く固定する。

Pull both cords to hold the helmet firmly.

Tirer fort sur les deux cordons pour maintenir fermement le casque.

後頭部で紐をクロスさせる。

Cross the cords behind the head.

Croiser les cordons derrière la tête.

強く面紐を引いて固定する。

Pull the cords so that the helmet *(men)* does not move.

Tirer fort sur les cordons pour que le casque *(men)* ne bouge plus.

面金の上部で紐を折り返す。

Pass the cords into the top of the metal mesh of the helmet.

Passer les cordons dans le haut du grillage métallique du casque.

後頭部で紐をクロスさせる。

Cross the cords behind your head again.

Croiser de nouveau les cordons derrière la tête.

両紐を耳覆いの部分に通し強く固定させる。

Thread the cords into passages on both sides of the ears and pull hard.

Enfiler les cordons dans les passants des deux côtés des oreilles et tirer fort.

後頭部で強く結ぶ。

Make a tight knot behind your head.

Faire un nœud bien serré derrière la tête.

面装着完了。

The helmet (men) should be firmly in place.

Le casque (men) est bien en place.

◯ 6-5. グローブの着装 / Gloves / Gants

左グローブに左手を入れ指先がグローブの奥に当たるまでグローブを引きマジックテープを伸ばす。

Put the left hand in the left glove, pull until the fingers touch the bottom of the glove, and pull on the velcro.

Enfiler la main gauche dans le gant gauche, tirer jusqu'à ce que les doigts touchent bien le fond du gant, et tirer sur le velcro.

マジックテープを巻きつけて固定する。

Wrap the velcro around the wrist to hold the glove firmly.

Enrouler le velcro autour du poignet pour maintenir fermement le gant.

右グローブに右手を入れ指先が奥に当たるまでグローブを引きマジックテープを伸ばす。

Put your right hand into the right glove, pull until your fingers touch the bottom of the glove, and pull the velcro.

Enfiler la main droite dans le gant droit, tirer jusqu'à ce que les doigts touchent bien le fond du gant, et tirer sur le velcro.

マジックテープを巻きつけて固定する。

Wrap the velcro around the wrist to hold the glove firmly.

Enrouler le velcro autour du poignet pour maintenir fermement le gant.

防具着装完了。

The protective outfit is now complete.

La tenue de protection est désormais complète.

7．打ち込み稽古 /

Training with repeated strike exercises *(uchikomi)* /
Entraînement avec des exercices de frappes répétées *(uchikomi)*

◯ **7-1. 打ち込み稽古** / Repeated strike exercises *(uchikomi)* / Exercices de frappes répétées *(uchikomi)*

打ち込み稽古
蹲踞

Repeated strike exercises *(uchikomi)*
Squatting position *(sonkyo)*

Exercices de frappes répétées *(uchikomi)*
Position accroupie *(sonkyo)*

礼

Hi *(rei)*

Salut *(rei)*

蹲踞（元の位置）

Squatting position *(sonkyo)* : back to the initial position

Position accroupie *(sonkyo)* : retour à la position initiale

防具を着装しての打ち込み稽古。面を突く時は軽く触れる程度に当て、受ける側はアゴを引くこと。

Training with repeated strike exercises *(uchikomi)* in full protective gear. The one who does the exercise of repeated strikes seeks to touch his opponent slightly with the helmet or the armour. Whoever gets hit keeps his chin down.

Entraînement avec des exercices de frappes répétées *(uchikomi)* en tenue de protection complète. Celui qui fait l'exercice de frappes répétées cherche à toucher son adversaire légèrement au casque. Celui qui reçoit les coups garde le menton baissé.

左突き面。正中線で身体を回転させ左足を踏み出し体重を左拳に乗せて軽く当てる。（寸当て）

Left punch in the face *(hidari-tsuki-men)*. Rotate the body around the middle line, advance the left leg, and give a controlled left punch (stop just before impact or *sun-ate*).

Coup de poing gauche au visage *(hidari-tsuki-men)*. Faire pivoter le corps autour de la ligne médiane, avancer la jambe gauche, et donner un coup de poing gauche contrôlé (arrêt juste avant impact ou *sun-ate*).

右突き面。正中線で身体を回転させ左足を踏み出し体重を右拳に乗せて軽く当てる。（寸当て）

Right punch to the face *(migi-tsuki-men)*. Rotate the body around the middle line, advance the left leg, and give a controlled right punch (stop just before impact or *sun-ate*).

Coup de poing droit au visage *(migi-tsuki-men)*. Faire pivoter le corps autour de la ligne médiane, avancer la jambe gauche, et donner un coup de poing droit contrôlé (arrêt juste avant impact ou *sun-ate*).

左突き胴。左足を踏み出し四股立ちになると同時に本拳をつくり伏せて強く突く。

Left punch to the chest *(hidari-tsuki-dô)*.
Advance the left leg, and hit hard with the fist closed when the legs are in the position of califour *(shiko-dachi)*.

Coup de poing gauche au thorax *(hidari-tsuki-dô)*. Avancer la jambe gauche, et frapper fort avec le poing fermé quand les jambes sont en position de califourchon *(shiko-dachi)*.

右突き胴。左足を踏み出し重心を少し下げて正中線で身体を回転させ前に強く突く。

Right punch to the chest *(migi-tsuki-dô)*. Move the left leg, lower the center of gravity slightly, rotate the body around the middle line, and give a powerful punch.

Coup de poing droite au thorax *(migi-tsuki-dô)*. Avancer la jambe gauche, baisser légèrement le centre de gravité, faire pivoter le corps autour de la ligne médiane, et donner un puissant coup de poing.

左揚げ蹴り。
右足を寄せ足して踵は上げ左足の膝を高く上げて前に蹴り込む。

Left kick in the air *(hidari-age-geri)*.
Take a dragged step with the right leg that serves as support and lift the heel (get on the tip of the right foot). Raise the left knee very high and kick in the face.

Coup de pied gauche en l'air *(hidari-age-geri)*. Faire un pas traîné avec la jambe droite qui sert d'appui et lever le talon (se mettre sur la pointe du pied droit). Lever le genou gauche très haut et donner un coup de pied en face.

右揚げ蹴り。
左足の踵は上げ体重が前に行くように膝を高く上げて前に蹴り込む。

Right kick in the air *(migi-age-geri)*.
Lift the left heel (put on the tip of your left foot). Lift the right knee very high to move the body weight forward, and kick to the face.

Coup de pied droit en l'air *(migi-age-geri)*
Lever le talon gauche (se mettre sur la pointe du pied gauche). Lever le genou droit très haut pour déplacer le poids du corps vers l'avant, et donner un coup de pied en face.

左膝蹴り。
相手の上体に左手を巻き付け引き付けると同時に左膝頭を胴に蹴り込む。右足の踵は上げる。

Left knee stroke *(hidari-hiza-geri)*.
Twist your opponent's torso with your right hand by pulling him towards you, and at the same time give a left knee to your opponent's chest. Lift the right heel (get on the tip of your right foot).

Coup de genou gauche *(hidari-hiza-geri)*. Tordre le buste de l'adversaire de sa main droite en le tirant vers soi, et donner en même temps un coup de genou gauche dans le thorax de l'adversaire. Lever le talon droit (se mettre sur la pointe du pied droit).

右膝蹴り。あいての上体に右手で巻き強く引き込んで右膝頭で蹴り込む。右足の踵は上げる。面金を掴む行為は反則となるため、面金を掴まないように注意すること。

Right knee stroke *(migi-hiza-geri)*.
Twist your opponent's torso with your left hand by pulling him towards you, and at the same time give a right knee to your opponent's chest. Lift the left heel (put on the tip of your left foot). Be careful not to grab the helmet mesh.

Coup de genou droit *(migi-hiza-geri)*.
Tordre le buste de l'adversaire de sa main gauche en le tirant vers soi, et donner en même temps un coup de genou droit dans le thorax de l'adversaire. Lever le talon gauche (se mettre sur la pointe du pied gauche). Attention à ne pas agripper la grille du casque.

左横突き蹴り。膝を高く上げ強く蹴り込む。右足の踵を上げ体重を乗せる。

Left side kick *(hidari-yoko-tsukikeri)*. Raise your knee high and give a powerful kick. Lift the right heel to transfer the weight of the body.

Coup de pied latéral gauche *(hidari-yoko-tsukikeri)*. Lever haut le genou et donner un puissant coup de pied. Lever le talon droit pour y transférer le poids du corps.

右横突き蹴り。膝を高く上げ強く蹴り込む。左足の踵は上げ体重を乗せる。

Right side kick *(migi-yoko-tsukikeri)*.
Raise your knee high and give a powerful kick. Lift the left heel to transfer the weight of the body.

Coup de pied latéral droit *(migi-yoko-tsukikeri)*.
Lever haut le genou et donner un puissant coup de pied. Lever le talon gauche pour y transférer le poids du corps.

中段の構えに戻す。

Return to the chûdan-gamae guard position.

Revenir en position de garde *chûdan-gamae*.

蹲踞

Squatting position (*sonkyo*)

Position accroupie *(sonkyo)*

礼

Hi (rei)

Salut *(rei)*

蹲踞（元の位置）

Squatting position *(sonkyo)* : back to the initial position

Position accroupie (*sonkyo*) : retour à la position initiale

8. 乱稽古 /

Free training *(ran-geiko)* /
Entraînement libre *(ran-geiko)*

乱稽古（簡単な試合稽古）

実撃をもって自由に撃ち合う。組技、関節逆捕り技は禁止。

Free training *(ran-geiko)*: simple training for competitions.
Free fight with real clashes. Ground catches *(kumi-waza)* and inverted luxations *(kansetsu-gyakudori-waza)* are prohibited.

Entraînement libre *(ran-geiko)* : entraînement simple pour compétitions.
Combat libre avec des affrontements réels. Les prises au sol *(kumi-waza)* et les prises de luxations inversées *(kansetsu-gyakudori-waza)* sont interdites.

蹲踞

Squatting position *(sonkyo)*

Position accroupie *(sonkyo)*

礼

Hi *(rei)*

Salut *(rei)*

蹲踞

Squatting position *(sonkyo)*

Position accroupie *(sonkyo)*

「はじめ」の合図で素早く中段の構えをつくり
対峙する。以下乱稽古の攻防の例

As soon as the starting signal marks the beginning
of the fight, quickly put yourself in the position of
chûdan-gamae guard to face the opponent.
Below are examples of fights in *ran-geiko* training.

Dès le signal *hajime* qui marque le début du
combat, se mettre rapidement en position de
garde *chûdan-gamae* pour affronter l'adversaire.
Ci-après des exemples de combats en
entraînement *ran-geiko*

左突き面で攻撃する。

Attack with a left punch in the face *(hidari-tsuki-men)*.

Attaque avec un coup de poing gauche au visage *(hidari-tsuki-men)*.

右突き面で攻撃する。
反り身でかわす。

Attack with a straight punch in the face *(migi-tsuki-men)*.
Dodge by bending back *(sorimi)*.

Attaque avec un coup de poing droit au visage *(migi-tsuki-men)*. Esquive en se courbant en arrière *(sorimi)*.

左横受けで受ける。

Left side display *(hidari-yoko-uke)*.

Parade latérale gauche *(hidari-yoko-uke)*.

右突き面で反撃する。

Counter-attack with a straight punch to the face *(migi-tsuki-men)*.

Contre-attaque avec un coup de poing droit au visage *(migi-tsuki-men)*.

右揚げ蹴りで攻撃する。

Attack with a straight kick in the air *(migi-age-geri)*.

Attaque d'un coup de pied droit en l'air *(migi-age-geri)*.

巴受け（左手は掬い受け、右手は下掛け受けの技形）でうけ、返し蹴り（蹴り足は揚げ蹴り）（この技はすべて空撃）で反撃。

Tomoe-uke technique (parry in *sukui-uke* with the left hand and in *kake-uke* by grabbing the opponent's foot with the right hand) and counter-attack by kicking *(kaeshi-geri)* in the air in the crotch *(age-geri)*. All these techniques are performed in *kûgeki* combat.

Parade *tomoe-uke* (parer en *sukui-uke* avec la main gauche et en *kake-uke* en saisissant le pied de l'adversaire avec la main droite) et contre-attaque en rendant le coup de pied *(kaeshi-geri)* avec un coup de pied en l'air dans l'entrejambe *(age-geri)*. Toutes ces techniques sont réalisées en combat *kûgeki*

蹲踞

Squatting position *(sonkyo)*

Position accroupie *(sonkyo)*

礼

Hi *(rei)*

Salut *(rei)*

蹲踞（元の位置）

Squatting position *(sonkyo)* : back to the initial position

Position accroupie (*sonkyo*) : retour à la position initiale

9. 参考図 /

急　　　　所　（正面）

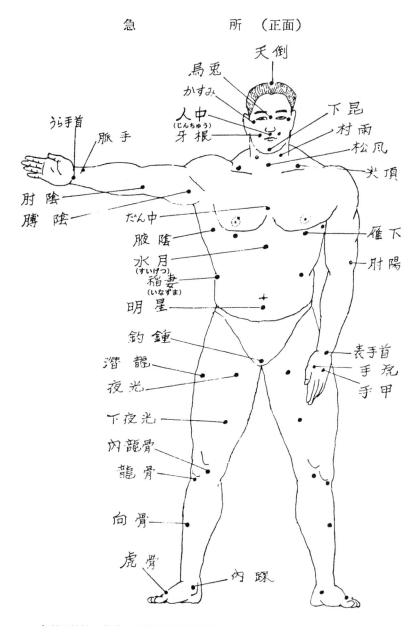

天倒
烏兎
かすみ
人中（じんちゅう）
牙根
下昆
村雨
松風
尖頂
うら手首
脈手
肘陰
膊陰
だん中
腋陰
水月（すいげつ）
稲妻（いなずま）
明星
釣鐘
潛龍
夜光
下夜光
内龍骨
龍骨
向骨
虎骨
内踝
雁下
肘陽
表手首
手虎
手甲

急所は神経・動脈・内臓器官が外部近くに出てきている部分である。

（澤山宗海著『日本拳法』26 頁より）

10. あとがき / Afterword / Postface

拳法は人間形成をするが、また、人間が拳法形成もするのである。
われわれは、もちろん、道場に汗をして、力を練り、技を習わねばならない。
だが、そのほかに、広く書を読み、深く思考し、知性を高め、情操を豊かにして
教養を身につける要がある。
それでこそ、品位のある格調の高い拳法が形成されるのである。

澤山宗海著『日本拳法』より抜粋

Kempô forms man, and man also forms kempô.
It goes without saying that we must train, sweat in the *dojo*, test our strength and learn the techniques *(waza)*.
But beyond that, you have to stay curious, read on various and varied subjects, think deeply, raise your intellect, enrich your aesthetic sensitivity, broaden your culture.
All of this will allow us to form a kempô bearing true distinction.

Extract from *Nippon Kempô* by Muneomi SAWAYAMA

Le kempô forme l'homme, et l'homme forme également le kempô.
Il va de soi que nous devons nous entraîner, transpirer dans le *dôjo*, éprouver notre force et apprendre les techniques *(waza)*.
Mais au-delà, il faut rester curieux, lire sur des sujets divers et variés, réfléchir mûrement, élever son intellect, enrichir sa sensibilité esthétique, élargir sa culture.
Tout ceci permettra justement de former un kempô porteur d'une véritable distinction.

Extrait de *Nippon Kempô* par Muneomi SAWAYAMA

第64回全日本学生拳法選手権大会で関西大学女子が優勝
（2019年12月1日　大阪府立体育館：紙面提供　関大スポーツ編集局）

第二部
Part II
Deuxième Partie

リスクマネジメントの基礎理論

Basic Theory of Risk Mangement
Théorie de base de la Gestin des Risques

第二部　掲載項目

第 1 章　リスクとリスクマネジメント

1. リスクと人間　—防ぐ・守る・挑む—

　私たち人間は、平穏、幸福、成功、利益を願って生活している。しかし、人間社会には、さまざまな危険、つまり英語やフランス語で言うとリスクが存在する。

　リスクとは「**損失の可能性**」と「**負の可能性**」を意味している。あるいは損失をもたらす「**事故発生の可能性**」を意味する。

　リスクという言葉が用いられる場面は主に３つだ。
1. 自分の失敗や過ちによって、損失が生じる可能性がある。
2. 自分の意思とは関わりなく発生した出来事によって、損失を受ける可能性がある。
3. 利益を出すか損失を出すか不確実な場面、勝つか負けるか不確実な場面で、自分の意思で行動を起こし、損失になる可能性や負（マイナス、敗北）になる可能性がある。

　1の代表例は、操作ミス、事故、ルール違反、不祥事などである。これは「**防ぐ**」べきリスクだ。

　2の代表例が、自然災害、感染症の流行、経済政治環境の急変など外襲的に発生する出来事だ。この場合、発生を防ぐことはできないので、発生しても被害が最小限になるように備える。つまり、リスクから身を「**守る**」ことが大切になる。

　3の代表例が、投資や新規事業のように、利益を目指して戦略的な決断をする場面である。あるいは戦いにおいて、勝利を目指して、積極的に行動を起こす場面である。そこには期待したことが成就しない可能性がある。つまり、損失や敗北の可能性がある。失敗するかもしれない、負けるかもしれないというリスクを受け入れることで、はじめて私たちは成功や勝利に近づくことができる。こうした場合、リスクを「**とる**」と言う。「**とるリスク**」とは、リスクをとらなければ、得られるものも得られないという考え方だ。何かに「**挑む**」際に、自分で作るリスクだと言える。

　まとめれば、リスクは３つに分けられる[1]。
1. **予防すべきリスク**（Preventable Risk）　（例：ミス、不祥事）：「**防ぐ**」
2. **外襲的なリスク**（External Risk）　（例：自然災害、環境の急変）：「**守る**」
3. **戦略リスク**（Strategy Risk）　（例：決断、新しいことへの挑戦）：「**とる**」「**挑む**」

---

[1] この３分類はカプラン（Kaplan）とマイクス（Mikes）が2012年に『ハーバード・ビジネス・レビュー』に発表したリスクの分類に基づいている。Robert S. Kaplan and Anette Mikes, "Managing Riks: A New Framework", *Harvard Business Review*, June 2012 issue.（https://hbr.org/2012/06/managing-risks-a-new-framework）

2.　純粋リスクと投機的リスク　―防ぐ・守る、そして挑む―

　伝統的なリスクマネジメント理論では、**純粋リスク**（pure　risk）と**投機的リスク**（speculative risk）の２つに分類する。

　前節で示した「予防すべきリスク」と「外襲的なリスク」が、「**純粋リスク**」に相当する。

　一方、前節で示した「戦略リスク」が「**投機的リスク**」に相当する。これは株式投資のように利益と損失の両方の可能性がある場面で、利益を目指して行動を起こす決断をする時に、私たちが受け入れる失敗や損失の可能性だ。

図表 1　純粋リスクと投機的リスク Pure Risk and Speculative Risk

純粋リスク Pure Risk	予防すべきリスク Preventable Risk： 事故、ミス、ルール違反、不祥事	「防ぐ」 Prevent	防災
	外襲的リスク External Risk： 自然災害、感染症、環境の急変	「守る」 Protect	減災
投機的リスク Speculative Risk	戦略リスク Strategy Risk： 新規事業、投資、勝負の決断に伴うリスク	「とる」「挑む」 Take	挑戦

　リスクは、あくまで損害、損失、失敗、負（マイナス）、負け（敗北）など、実現してほしくないことの可能性である。**損失や負の可能性としてのリスクを受け入れて、それらを制御しながら、利得や勝利の可能性としてのチャンスを追求する**ということになる。これを「リスク最適化」と言う。投機的リスク、つまり「とるリスク」は、利益や勝利を得ることを目指す場合、リスクをとらないと得られるものも得られないという考え方である。

3.　リスクの本質　―航海―

　リスクの語源には諸説がある。その１つが、ラテン語の resecare に由来するという説だ。resecare は「暗礁」や「障害物」を意味する。暗礁に乗り上げたり、障害物にぶつかる可能性を受け入れて航海に出なければ、船は目的地には到着しない。積み荷を売って利益を得ることもできない。航海では、暗礁に乗り上げないようにし（防ぐ）、嵐に耐え（守る）、最適の航路を決断する（挑む）わけだ。このように、**リスクの語源と本質は航海**にある[2]。

2）resecare を由来とする説について、次の文献を参考にした。Frédéric Cordel, *Gestion des risques et Contrôle interne*, Vuibert, 2019, p.5。なお、リスクの語源として日本では次の一節がよく引用される。
「リスク（risk）はイタリア語の risicare に由来している。この言葉は「勇気を持って試みる」という意味を持っている。この観点からすると、リスクは運命というよりは選択を意味している」（バーンスタイン著・青山護訳『リスク』日本経済新聞社、1998 年、23 頁）

4.　リスクの要素　―リスクは 6 つの顔を持つ―

リスクには次の要素が含まれる。

①ハザード（hazard）：事故発生に影響する環境

②エクスポージャー（exposure）：リスクにさらされる人・物

③リスク（risk）：損失の原因となる事故が発生する可能性

④ペリル（peril）：損失の原因となる事故

⑤クライシス（crisis）：危機。事故が発生する可能性がいよいよ大きくなってきたときの状況または事故が発生した直後の状況

⑥ロス（loss）：損失。ダメージ（damage）：損害

　現代的なリスクマネジメントの考え方では、「ペリル（peril）：事故」に代わって、「イベント（event）：出来事・事象」という用語が用いられる。

　ビジネス現場における感染症を例にリスクの要素をまとめてみよう。

　ハザード（事故発生に影響する環境）：物理的ハザード＝ 3 つの密（密閉空間・密集場所・密接場面）、モラルハザード＝「自分は感染しないだろう」「ちょっとくらい大丈夫だろう」という精神状態。

　リスク（事故の可能性）：感染者が発生する可能性。

　ペリル（事故）：感染者の発生。

　ロス（損失）：営業中断や営業縮小による収益減少、消毒やソーシャル・ディスタンス確保のためのコスト増加、風評被害。

図表 2　リスクの要素 Risk Elements

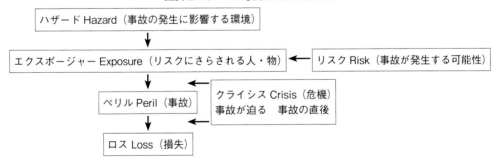

5.　リスクマネジメントの国際規格 ISO31000:2018 による定義

　2009 年に発表され、2018 年に改訂されたリスクマネジメントの国際規格 ISO31000"Risk management –Principles and guideline"（『リスクマネジメント　－原則及び指針』）は、次のように定義している。

　－「リスク」：「目的に対する不確かさの影響」（effect of uncertainty on objectives）

　－「リスクマネジメント」：「リスクについて、組織を指揮統制するための調整された活動」
（coordinated activities to direct and control an organization with regard to risk）[3]

6. リスクマネジメント研究の歴史　―先哲はどう定義したか―

6. 1. ファヨールによるリスクマネジメント研究の第一歩　―人と資産を守ること―

　経営学の分野で、最初にリスクマネジメントを取り上げたのはフランスのアンリ・ファヨール（Henri Fayol）だ。ファヨールは鉱山会社の社長を長年務めた。炭鉱という危険と隣り合わせの現場で、いかに安全で効率的に経営するかに力を尽くした。ファヨールは引退後、1916 年に『産業ならびに一般の管理』（*Administration industrielle et générale*）を著した。その中で、企業活動の一つとして**保全的職能**（Fonction de Sécurité; Security Function）が大切であることを指摘した。これが経営学におけるリスクマネジメントの考え方の出発点だ。ファヨールは保全的職能を「**資産と従業員を守ること**」（protéger les biens et les persoones）だと説明した[4]。

6. 2. ギャラガーによるリスクマネジメント研究の第二歩　―リスク管理にどこまでコストをかけるか―

　1956 年、アメリカのラッセル・ギャラガー（Russel B. Gallagher）が『ハーバード・ビジネス・レビュー』誌に「**リスクマネジメント　－コスト管理の新側面**」（Risk Management: New Phase of Cost Control）という論文を発表した。この論文はアメリカのビジネス界でリスクマネジメントという考え方が市民権を得るきっかけになった。その中で、示された命題は「**安全管理やリスクマネジメントにどれくらいコストをかけることができるのか**」だ。これは現代に続く永遠の課題で、リスクマネジメントを考える上で最も重要な視点である[5]。

6. 3. 三歩目は保険管理型の理論　―アメリカ発で世界に普及した理論―

　アメリカで、1960 年代に、**保険管理**として、リスクマネジメントの考え方が開花した。続々と専門書が出版された。その紹介という形で、1970 年代から、世界中にリスクマネジメントが紹介された。この時期の特筆すべき出来事は、保険の対象となる純粋リスク（事故・災害）に対するリスクマネジメント理論が確立されたことである[6]。

　アメリカの保険管理型理論をフランスに紹介したのはジャック・シャルボニエ（Jacques

3）日本規格協会『対訳　ISO31000：2018　リスクマネジメントの国際規格』2019 年、23-24 頁。

4）Henri Fayol, *Administration industrielle et générale*, Dunod, 1916.　本書では 1999 年版を参照した。保全的職能に関する記載は 1999 年版 p.9 にある。

5）Russel B. Gallagher, "Risk Management: New Phase of Cost Control" *Harvard Business Review*, September/October 1956, p.75-86

6）リスクマネジメントについてアメリカで最初に出版されたのが次の本である。Robert I. Mehr and Bob A. Hedges, *Risk Management in the Business Enterprise*, Irwin, 1963.

Charbonnier）である。シャルボニエはリスクマネジメントについてフランスで初めての本を書き、次のように定義した[7]。

図表3　シャルボニエ（1976）によるリスクマネジメントの定義

> リスクマネジメントとは、①法律による保護、②予防、③保険という適切な技術を用いて、あらゆる偶発的なリスクから、企業の人材、財産、経費ならびに利益を保護する機能である。Risk Management: celle des fonctions de l'entreprise qui consiste à protéger de tous périls fortuits（ou risques aléatoires）les personnes, les biens, les coûts et les profits de l'entreprise, grâce à l'utilisation de techniques appropriées: Protection juridiques, Prévention, Assurance.（Jacques Charbonnier, 1976）

6. 4. 四歩目として保険学から経営学へと脱皮　—すべてのリスクを対象とする日本理論—

　1978年1月に日本で初めてのリスクマネジメントの本が出版された。片方善治『リスク・マネジメント　危険充満時代の新・成長戦略』（プレジデント社）である。この本は、「不確実性に対する企業の挑戦こそリスク・マネジメント」だと宣言した。

　1978年4月には、亀井利明『危険と安定の周辺　リスク・マネジメントと経営管理』（同朋舎）が出版された。この本の中で、アメリカから輸入された保険管理型の理論から脱却して、経営学の理論としてリスクマネジメントを研究する必要性が説かれた。純粋リスクのみを対象とする保険管理や安全管理から、投機的なリスクも対象とする経営管理や経営戦略へと、リスクマネジメントの対象範囲を拡大することが唱えられたのである。今では、企業リスクのすべてを対象とする考え方は当たり前になっている。しかし、当時は、なかなか理解されなかった。

　1978年9月には、亀井利明が中心となって、関西大学で日本リスクマネジメント学会の創立大会が開催された。我が国で最初のリスクマネジメントに関する学術団体である。創立当初から、この学会では、保険学から脱却して、経営管理論、経営戦略論の視点からリスクマネジメントの研究に取り組んでいる。

図表4　亀井利明（1980）によるリスクマネジメントの定義

> リスクマネジメントの定義
> 「リスクマネジメントとは人間の危険予知本能に基づき、危険を制御し、危険に準備するための活動であり、危険の合理的費用化の活動である」[8]

6. 5. 五歩目として現代的リスクマネジメントの理論と実践　— ERM と ISO31000 —

　今世紀に入り、学術的研究とビジネス現場の両方で、戦略的な決断に伴う投機的リスクも対象とする経営管理や経営戦略の一分野として、リスクマネジメントは認知されるようになった。やがて、コーポレート・ガバナンス、コンプライアンス、CSR、レジリエンスと関連づけて考えられるようになった。

7）Jacques Charbonnier, *La Gestion de la Sécurité de l'Entreprise,* L'Argus, 1976, p.157.
8）亀井利明『リスクマネジメントの理論と実務』ダイヤモンド社、1980年、4頁。

　現代的なリスクマネジメントの考え方は、2004年にアメリカのCOSOが発表したERM（Enterprise Risk Management）や2009年に発表されたリスクマネジメントの国際規格ISO31000に示されている。

　このようにして企業が、全社的なリスクマネジメント体制を構築することが定着した。

6. 6. さまざまな分野への展開　―ソーシャル・リスクマネジメント―

　リスクマネジメントの考え方は、企業のみならず、個人と家庭、地域社会と学校、行政と国家、医療機関、余暇活動などに適用されるようになった。こうしてリスクマネジメントはさまざまな分野にひろがりを見せるようになった。

　社会全体に影響を及ぼす感染症や巨大災害のような社会的なリスク（ソーシャル・リスク）に対しては、家庭、地域社会、学校、行政、企業が**連携**して対応する必要がある。これをソーシャル・リスクマネジメントと言う。2020年以来の新型コロナウィルス感染症との戦いは、まさしく全世界が取り組んでいるソーシャル・リスクマネジメントだ。

7.　リスクマネジメントのプロセス

7. 1. 4つの定　―特定・想定・決定・改定―

　リスクマネジメントは「4つの定」によるプロセスである。つまり、リスクマネジメントとは「①どのようなリスクがあるかを**特定**し、②どれくらいの損失をもたらすかを**想定**し、③どのように対応するかを**決定**し、④実行した結果に基づいてリスク対応策を見直し**改定**すること」である。

図表5　リスクマネジメント の4つの「定」4 Steps of Risk Management

特定（Risk Identification）	リスクの発見
想定（Risk Assessment）	リスクが顕在化したときの損失の予測
決定（Risk Treatment）	リスクにどう対応するかの決断
改定（Revision）	失敗に学ぶ、災害から教訓を得る

7. 2. ISO31000によるリスクマネジメントのプロセス

　ISO31000：2018はリスクマネジメントのプロセスを次のように説明している。

- ・リスクマネジメントを行う組織はどのような状況にあるか（適用範囲、状況、基準）。
- ・どんなリスクを特定し、どれくらいの損失を想定するか（リスクアセスメント）。
- ・リスク対応策を決定し実行する（リスク対応）。
- ・リスクアセスメントとリスク対応の各段階で、話し合って（コミュニケーション及び協議）、常に見直しをする（モニタリング＆レビュー）。
- ・事故や災害にどのように対応したのか記録に残す（記録作成及び報告）。

図表 6　リスクマネジメントのプロセス ISO31000:2018　Risk Management Process

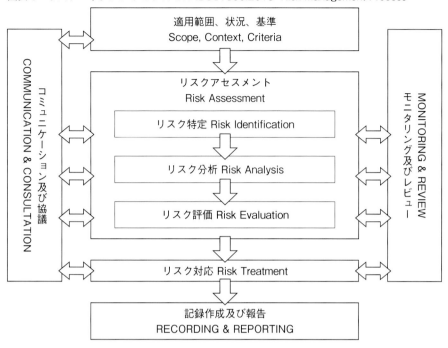

（日本規格協会『対訳 ISO31000：2018』2019 年、18-19 頁に基づいて作成）

7. 3. リスクの特定（Risk Identification）

「リスク・アセスメント」の第一段階がリスクの「特定」だ。これはリスクを洗い出して「発見」することだ。その時、次の 3 点を確認することが大切だ。

①　どんな人的資産と物的資産がリスクにさらされているか。

②　どんな事故が発生する可能性があるか。

③　どんな損失につながる可能性があるか。

リスク特定には、①現場確認、②聴き取り、③チェックリスト（check list）、④フローチャート（flow chart）をはじめとするさまざまな方法が用いられる。

リスク特定では、**ハインリッヒの法則**（Heinrich's law）に注意する必要がある。これは死亡や重傷を引き起こす 1 件の重大な事故の背景には、軽症をともなう 29 件の軽微な事故があり、その背景には日常的なヒヤリとしたりハッとしたりする 300 の出来事（**ヒヤリハット**）があるとする考え方である。ヒヤリとしたり、ハッとしたりすることを経験した時に、「大事故につながらなくてよかった」で安心してしまうか、「これは大事故の予兆かもしれない」と警戒するが、リスクマネジメントが成功するかどうかの分かれ道になる。

リスク特定においては、図表 7 に示すリスクの 3 つの特徴に注意する必要がある。

図表 7　リスクの 3 特徴　3 Aspects of Risk

・リスクは隠れている。（Risk hides.）
・リスクは変化する。（Risk changes.）
・リスクは繰り返す。（Risk repeats.）

7. 4. リスクの想定（Risk Assessment）

リスク想定は、特定されたリスクを分析・評価し、その影響を予測することだ。

想定すべきことは、①事故の発生確率・**頻度**（frequency）（どれくらいよく**発生するのか**）と、②事故が発生した結果、生じる損害の規模、すなわち事故の**強度**（severity）（**発生したらどれくらいの損失をもたらすのか**）である。ISO31000 では、起こりやすさ（likelihood）（何かが起こる可能性）と結果（consequence）（目的に影響を与えうる事象の結末）と説明されている。

特定と想定に基づいてリスクを可視化したものが「リスク・マップ」だ。リスク・マップは、誰が見てもリスクを認識できるように「見える化」したものである。頻度と強度のマトリクス図が一般的だ。一方、「ハザード・マップ」と言う場合、それは自然災害の被害予測地図だ。自然災害による被害を予測して、被害が及ぶ範囲、被害の程度、避難経路、避難場所などを地図上に示したものである。

東日本大震災以来、発生頻度（frequency）が小さくても、一度発生すると甚大な被害をもたらすような強度（severity）の大きい巨大災害に備えることの重要性が認識されている。

7. 5. リスク対応策の決定（Risk Treatment）

図表 8 に示すように、リスク・トリートメントには、「**リスク・コントロール（事故防止・災害対策）**」と「**リスク・ファイナンス（資金準備・保険活用）**」の 2 本の柱がある。

そして、「回避」「軽減」「移転・共有」「保有」の 4 つの手段がある。（図表 8）

自動車の運転を例にすれば、睡眠不足である場合は、車の運転をとりやめる（リスクの回避）、運転する時はスピードを落とす（事故発生確率の軽減）、シートベルトをする（負傷の軽減）などがリスク・コントロールに相当する。一方、自動車保険への加入（リスクの移転）がリスク・ファイナンスに相当する。

私たちはリスクを「回避」せずに行動を起こした場合、できる限りリスクを「軽減」しようと努める。それでも残るリスクについて、他者にリスクを「移転」したり、他者とリスクを「共有」しようとする。軽減も移転も共有もできない部分について、リスクを「保有」する。

ISO31000 は、「リスク対応」を次のように定義している[9]。

「リスクを修正するプロセス。

—リスクを生じさせる活動を、開始又は継続しないと決定することによって、リスクを回避すること。

—ある機会を追求するために、リスクをとる又は増加させること。

9）日本規格協会『対訳　ISO31000：2018　リスクマネジメントの国際規格』2019 年、86-89 頁。

　　―リスク源を除去すること。

　　―起こりやすさを変えること。

　　―結果を変えること。

　　―一つ以上の他者とリスクを共有すること（契約及びリスクファイナンシングを含む）。

　　―情報に基づいた意思決定によって、リスクを保有すること」

図表8　リスク対応（リスク・トリートメント）Risk Treatment

> ■リスク対応の2本柱
> ・リスク・コントロール（事故防止、災害対策）Risk Control
> ・リスク・ファイナンス（資金の準備、保険の活用）Risk Finance
> ■リスク対応の4つの手段
> ・回避（避ける）Avoid
> ・軽減（減らす）Reduce
> ・移転（他に移す）・共有（分担する）Transfer/Share
> ・保有（受け入れる）Retain

8. クライシス（危機）とクライシスマネジメント（危機管理）―フィンクの理論―

　既に説明したように、**リスクの語源は航海**に関係している。一方、**クライシスの語源は医療**に関係している。語源的に、**クライシスは、病気が回復に向かうか、悪化するかの分岐点**（ターンニングポイント）を意味する。つまり、「重大な局面」や「決定的瞬間」を表す。

　アメリカにおける最初のクライシスマネジメントの本を書いたのは**スティーブン・フィンク**（Steven　Fink）だ。フィンクは、医学的な語源を持つクライシスについて、医学用語を用いて、「前兆期」「急性期」「慢性期」「回復期」に分けて考えている。したがって、クライシスマネジメントとは、「前兆」を経て、事故や災害が「急性的に」発生した場合、その「重大な局面」に対応し、状況が「沈静化」して「復旧」するまでのプロセスだと説明できる。フィンクは、図表9のように定義している[10]。

図表9　フィンク（1986）によるクライシスマネジメントの定義

> クライシスマネジメント、つまりターニングポイントであるクライシスに対する計画は、多くのリスクや不確実性を取り除き、できるだけ自分の運命を自分でコントロールするための技術である。Crisis management -planning for a crisis, a turning point- is the art of removing much of the risk and uncertainty to allow you to achieve more control over your own destiny. (Steven Fink, 1986)

9. リスクマネジメントと危機管理の比較

　では、リスクマネジメントと危機管理はどのように違うのか。

　正確にリスクマネジメントと危機管理の違いを示そうとすれば図表10のようになる。

---

10) Steven Fink, *Crisis Management Planning for the Inevitable*, amacom, 1986, p.15.

図表 10 リスクマネジメントと危機管理

> ■事前のリスクマネジメント　In advance; Risk Management
> ・気づく力としての「リスク感性」の発揮
> ・リスクの洗い出し（リスクの特定・想定）
> ・災害対策、事故防止、保険加入、資金準備（リスク対応）
> ・安全管理計画、事業継続計画（BCP）
> ・平常時からリスクを意識し訓練（シミュレーション訓練）
> ■事後の危機管理　After the event; Crisis Management
> ・決断力としての「リスク感性」の発揮
> ・リーダーシップ・決断・コミュニケーション
> ・レジリエンス（復元力・乗り越える力）
> ・災害や失敗に学ぶ・同じミスをしない

10.　文芸作品に学ぶリスクマネジメント　—アルベール・カミュ『ペスト』—

　2020 年、全世界で新型コロナウィルスへの対策が繰り広げられている。医療現場での献身的努力。外出制限令。市民の忍耐と連帯。街と市民を襲った感染症との闘いは、1947 年に発表された小説『ペスト』の中で、アルベール・カミュが描いた通りの状況になった。

　本作は宮崎嶺雄の名訳、新潮文庫（1969 年、改版 2020 年）で読める。

> 『ペスト』あらすじ：
> アルジェリアの海岸都市オランで鼠（ねずみ）の大量死に続き、街中で人々が熱病に倒れていく。ペストが流行し始めたのだ。城門は閉じられ、城壁に囲まれた都市は外界から遮断される。隣人が次々とペストで死んでいく中、市民は極限的な状況での生活を強いられる。主人公の医師リウーは、医療の最前線に立ち、献身的に治療に力を尽くす。市民の間には、連帯感が生まれ、ついに市は解放される。

　　天災というものは，事実，ざらにあることであるが，しかし，そいつがこっちの頭上にふりかかってきたときには，容易に天災とは信じられない。この世には，戦争と同じくらいの数のペストがあった。しかも，ペストや戦争がやってきたとき，人々はいつも同じくらい無用意な状態にあった。(55 頁)

　　自分の目で見ることのできぬ苦痛はどんな人間でも本当に分かち合うことができない。(204 頁)

　　ペスト菌は決して死ぬことも消滅することもないものであり，数十年の間，家具や下着類のなかに眠りつつ生存することができる。部屋や穴倉やトランクやハンカチのなかに，しんぼう強く待ち続けていて，そしておそらくはいつか，人間に不幸と教訓をもたらすために，ペストが再びその鼠（ねずみ）どもを呼びさまし，どこかの幸福な都市に彼らを死なせに差し向ける日が来るであろう。(458 頁)

　『ペスト』のような文芸作品から、リスクマネジメントや危機管理を学習することができる。

映画も同様だ[11]。また、リスク感性を磨くという観点から、アート（芸術）鑑賞は有効である。絵画を観る、映画を観る、音楽を聴く、文学作品を読むことを通じて感性が育まれる。もちろん能動的に、絵画を描く、歌を歌う、音楽を演奏する、文章や詩を執筆することも感性を育む。決断には理性と感性の両方が必要である。リスクマネジメントや危機管理の決断では、時間と情報が不足した状況で行われる。したがって、経験に基づく感性が重要な役割を担う。

11.　リスクマネジメントの要点 12 箇条

① 　予防すべきリスクについては、ペリル（事故）の発生を徹底的に予防する。ミスやルール違反を**防ぐ**。防災。

② 　外襲的リスク（災害）については、自然災害のようなペリル（災害）の発生を防ぐことはできない。ペリルが発生してもダメージ（損害）やロス（損失）が大きくならないように守備を固める。外襲的リスクから身を**守る**。減災。

③ 　戦略リスク・投機的リスクは、自分の決断によって、自分で「**とるリスク**」だ。失敗・損失・負につながるリスク要因をできるだけ減らし、成功・利益・勝利につながるチャンス要因を積み重ねる。**リスクの最適化**（ロスの最小化とゲインの最大化）。リスクをとらないと、得られるものも得られない。

④ 　**最悪の事態**（ワーストシナリオ）を想定する。そこから逆算して今なすべきことは何かを決断する。

⑤ 　**失敗に学ぶ。事故や災害の教訓に学ぶ。**

⑥ 　**コミュニケーション**：どのようなリスクに直面しているのか、そのリスクにどのように対応するのか、共通理解を持つ。

⑦ 　**コーディネーション**：リスクに対応するための調整、組織体制づくり。

⑧ 　**リスク感性**とは、平常時には「リスクに気づく力」、非常時には即断即決するための「直感力」「リーダーシップ」「コミュニケーション力」。

⑨ 　リスク感性を磨く：(1) **異文化**に触れる。(2) **アート**に触れる[12]。(3) **決断**に触れる（歴史上の人物や、名経営者がリスクに直面した時にどのような決断をしたかについて学ぶ）。

⑩ 　リスク・ファイナンスの中心を担う**保険をめぐる決断**が重要。(1) 保険に入るかどうか、(2) 入るとすればどのような保険を選択するか、(3) どの保険会社を選択するか、(4) 保険事故（どのような場合に保険金が支払われるのか）と免責（どのような場合に保険金が支払われないのか）をきちんと確認して、納得して契約内容を決定する。

---

11) リスクマネジメントや危機管理の学習に有効な映画作品の例：『タワーリング・インフェルノ』（火災事故、安全のコスト、正常性バイアス）、『アポロ 13』（危機管理とリーダーシップ）、『大統領の陰謀』・『エリン・ブロコビッチ』・『インサイダー』（巨大権力に対する真実究明）、『チャイナ・シンドローム』・『Fukushima50』（原発事故）、『UNITED93』・『15 時 17 分、パリ行き』（テロ）、『にしきたショパン』（阪神大震災、ピアニストのキャリアにおけるリスクマネジメント）、『アメリカの夜』（映画製作のリスクマネジメント）、『ベニスに死す』『アウトブレイク』（感染症）など。
12) スポーツに触れるを入れてもよいだろう。

⑪　現代社会における重要リスク：**目に見えないリスク**（invisible　risk）、**触知できないリスク**（intangible risk）への対処が重要。例：感染症のウイルス、原発事故における放射能、評判（レピュテーション）、SNS やネット空間、メンタルヘルス（心の危機管理）に関わるリスク。

⑫　**ジレンマにおける決断**：リスクに直面するとジレンマ的状況に陥る。例：先送り←→今すぐ対処、縦割り←→連携、焦り←→落ち着く、否認←→事実を受け入れる、偽り←→真実公表、ワンマン経営←→風通しのよい組織。

　　リスクをめぐるジレンマがないという状況はありえない。また、リスク・ゼロという状況もありえない。リスクがあるからこそ、私たちはそれを乗り越えようと努力する。その結果、リスク対策が進歩を遂げる。**リスクはクスリ**（薬）にもなる。

第2章　リスクマネジメント理論から見た日本拳法

　本章では、日本拳法について、これまで見てきたリスクマネジメントの基礎理論に当てはめて分析を試みる。この際、日本拳法創始者の澤山宗海著『日本拳法』（毎日新聞社、1964年）を底本として用いる。この本は、単なる武道の解説書ではない。澤山宗海氏は、日本拳法の実践の第一線を後進に譲られた後、学究生活に入られた。深い思索から紡ぎだされた学術的な研究の成果としての記述がおよそ半分を占めている。

　『日本拳法』における学術的研究の記述は、武道を中心として、歴史学、社会学、哲学、倫理学、外国文化研究、心理学、体育学、医学など、非常に多岐にわたっている。武道に関する専門書、しかも創始者による書物でありながら、このように学際性に富む書物は貴重であろう。

　日本拳法の具体的な技能については、本書第一部「日英仏　日本拳法の基本習得教書」で示した。

> 「私は道順を示すのに、しばしば先哲たちがのこした言葉をかりて道標とすることにした。それは一般化されている示唆であるのみならず、その直観には、今日の科学も裏付けするところがあり、その抽象性こそ、世の万法に共通するからである」（『日本拳法』著者のことばより）

1.　日本拳法の意義　パイオニア・リスクをとって防具着装の乱の拳法を創始

　パイオニア、すなわち創始者として道を切り開くには大きな困難が伴う。このパイオニア・リスクをとって、澤山宗海氏は日本拳法を考案した。歴史学的に武道の歴史をひもときながら、澤山宗海氏は、東洋には古くからさまざまな拳法が存在し、いづれも長い伝統を有するが、それらはみな形（型）の拳法であることを指摘している。そして、日本拳法が誕生した本質を次のように述べている。

> 「私が昭和7年（1932年）に創始したこの日本拳法は、考案の防具を着装し、互いに自由に撃ち合って稽古する乱（らん）の拳法であった。はじめてこの世に生まれた乱の拳法には、もとより師家もなく、道標もなかった。したがって、われわれの修業と研究は、いわば、人跡未踏の大陸を探検するようなものであった。時には、大変な回り道をしたり、徒労の汗を流すこともあったが、この無駄がかえって幸して、思わぬ発見をすることもあった。何といっても、自由に未知の世界を探求するほど興味のあるものはない。そこ

に、先人の足跡や他の技芸に通ずる道に出くわしたときの歓びは格別であり、自信も湧いてくるのであった」(『日本拳法』著者のことばより)

　日本拳法の創始は、歴史学的に、日本において、相撲、柔道、剣道の隆盛と比較すると、衰微していた拳の格技の探求に始まった。従来の形（型）稽古から脱却して、自由な撃ち合い稽古に新天地を求めて開拓し、防具が考案された。そして、防具を着装する乱稽古を創案することによって成就したのである。(『日本拳法』12頁参照)

　　「最も実際的な拳の格技、いいかえると、技法の真実を修練しようとするところに、その創始の趣旨があるのである」(『日本拳法』12頁)
　　「実際に役立つ、実法を修練するには、どうしても自由に撃ち合う稽古をする必要がある」(『日本拳法』13頁)
　　「拳足の技に対する防具の創案は、まさに有史以来初めてのことである」(『日本拳法』4頁)

2. パイオニア・リスクをとって創案された乱稽古の科学的意義

　防具の創案による乱稽古の誕生は、それまでの拳の技法を一変させた。形（型）稽古に傾倒していた人たちは、乱稽古は技形を崩すものだとして批判した。
　乱稽古という名称も、日本拳法創始者の澤山宗海氏によって生み出された。この名称は、孫子の言葉からとられており、乱れている状態を意味するのではなく、相手の変化や、戦況への適応を意味している。このことに稽古法としての乱稽古の意義がある。同時に、空撃（寸止め）による自由組手を空乱稽古と改称した。(『日本拳法』14-15頁参照)
　乱稽古の開発は、当時の我が国の形（型）を中心とする拳の格技の世界においては、勇気ある、リスクをとる行動であった。

　　「乱稽古をはじめてから、古典の形（型）とはまったく無縁となってしまった。古典の形を捨て去らねば、自由な撃ち合いはできないのである」
　　「われわれは形（型）が実際の乱の撃ち合いに、役に立たないことを経験したのであった。そこで、兵法古典の理を乱稽古で実証し、さらに科学してその裏づけをすることによって、拳の格技の技法を求めたのであった」
　　「日本拳法の創始は、拳の格技を探し求めることに端を発して、防具を考案し、乱稽古を樹立することによって、一応なしとげられたのであった」(『日本拳法』15頁)

　日本拳法は、自由に撃ち合いをする独創的な世界を切り開いた。本書第一部で示す日本拳法の技法は、乱稽古によって役に立つことが実証され、科学的に裏付けられた真実の技法なのである。

図表 11　拳法をめぐるジレンマを打破した日本拳法
―日本拳法のリスクテーキング―

ハザード：日本における拳の格技の衰退

リスク：形（型）稽古、空撃の打ち合いだけでは本当に充実した修練成果が収められない

→**実際に役立つ拳法の修練には自由に撃ち合う必要性**
↓
新たなリスク：
自由に撃ち合えば、負傷の危険
形（型）稽古が主流である拳法界の常識に反する
↑
リスクをとる：
防具の考案
防具着装による打ち合い稽古「乱稽古」の開発
（パイオニアとしてのリスクテーキング）
↓
リスクをとった結果、得られた成果：
防具を着装することによる、危害予防、安全意識の向上、
自由に撃ち合う乱稽古によって、どんな技が本当に危険か認識、
どの技が本当に役立つか認識

> 自由な撃ち合いのリスクを防具の開発と着装によってリスク・コントロール
> 自由な撃ち合いの乱稽古により、逆に、何が本当に危険かを認識
> 実際に役に立つ拳法を修得すると同時に安全意識・危害予防意識向上

3.　日本拳法における危害予防

　こうした経緯で創始された日本拳法においては、危害予防と健康管理が特に重視されている。創始者である澤山宗海氏は、『日本拳法』の中で、安全管理の追求に多くの頁を割いている。

　　　　「高度な技術は危害予防と健康管理の徹底から築かれる。まず、人道問題として、練習方法には、危険があったり、保健上有害なものは、たとえ、それがどのくらい効果があっても、絶対に避けねばならない」「危害予防と保健の立場から、完全な防具を使用して、安全かつ無害な稽古をするようにせねばならない」「練習法には、まず、危害予防と健康管理の立場から、その万全を期すようにせねばならない。安全性と保健性とによって、練習の成果が増進される」「練習の成果は、栄養と休養との双璧に支えられている」（『日本拳法』248-249 頁）

　日本拳法が、危害予防と安全管理に細心の注意を払っている証左として、『日本拳法　指導者と安全配慮』（NPO 法人日本拳法会、2010 年）という本の存在がある。この本は、「危害予防なくして日本拳法の発展はない」という創始者の教えを後進がいかに大切にしているかを示している。

これは NPO 法人日本拳法会が、心斎橋総合法律事務所に依頼して纏められた本である。指導者が順守すべき安全配慮義務について、判例に基づき、45 の質問・回答例の形式で記述されている。

4. 日本拳法における受け技、躱技の多様性

　防具を着装して自由に撃ち合う乱稽古の実践により、日本拳法では、実際にどのような防御が役立つかという知識が蓄積されている。それゆえ、本書の第一部で示すように、防御の技が非常に豊富にある。本書第一部で取り上げた攻撃技は、9 種類である。一方、防御の技は、受け技が 13 種類、躱技（かわし技）が 4 種類あり、合計すると攻撃の技のほぼ 2 倍ある。また、防具の着装にも、第一部の中で 5 つもの節が割かれている。

　日本拳法では、防御の技は、「後」の技と考えている。つまり、攻めの技を「先」の技とすると、防技は「後」の技となる。そこでは、まず、第一部で示されるさまざまな防技の形（空間上の要件）が、必須条件となる。しかし、それ以上に重要なのが、相手の攻技に、防技を合わせる間（タイミング）であることが示されている。そして、修練によって、防技が反射化するようになると、「後」の技としての性能が十分活かされるようになることも説かれている。

　日本拳法の防技は受け技と躱技に大別される。（『日本拳法』79 頁参照）

　「攻撃は最大の防御」とはよく言われることである、日本拳法では、自由な撃ち合いによる乱稽古によって、実際に撃たれる体験から、純粋な防御の探求に力点が置かれている。

　そこから得られたのが、防御の技は、攻撃の技の撃ち込みを容易にするという真理である。防御の技には、二つの要件が要求される。第一には、「防御の完璧性」で、第二には、「反撃しやすいように防ぐこと」である。（『日本拳法』80 頁）

　防御における具体的な留意点として、「歩法との協調」、「受け技と躱技との合技」、相手の攻撃に合わせようとするあまりの「過剰動作を戒めること」がある。

　乱稽古における防御上の留意点としては、「眼を閉じないこと」、「垂肩閉脇（脇を閉める）」「身体を柔軟にすること」「相手の撃ち込みに対して、後ろへさがってはいけないこと」が記されている。特に最後の点については、後ろにさがる癖がつくと、防御の技が不確実になるとともに、常に反撃の機会を失うことになる。稽古においては、相手の撃ち込みに対して、むしろ体を前に出すようにすると、かえって撃ち込まれないこと、あるいは側方へかわして、避けるようにすると、相手の虚をつくことになると示されている。

5. リスクの 3 分類と日本拳法

第 1 章で示したリスクの 3 分類を日本拳法のような武道に当てはめれば、以下のようになる。

1. **予防すべきリスク・「防ぐ」**：体調不良、準備不足、対戦相手の研究不足、対戦中の構えの乱れ、後ろへさがる＝自分との戦い
2. **外襲的リスク・「守る」**：相手のしかけに対して、躱す、受ける＝相手の攻撃との戦い
3. **戦略リスク・「挑む」**：勝負時を見極めて、先にしかける。＝瞬間的決断で技を出す。

6.　日本拳法とリスク感性①　異分野と交流する重要性

　既に述べたように、リスクマネジメントや危機管理の決断では、「リスク感性」が重要である。

　日本拳法を習得するには、健康であること、基礎体力を養い、基本の攻防の技を身につけること、空乱撃（防具を着装せず寸止めにての試合稽古）と防具を着装しての実乱撃を繰り返してリスク感性を向上させることが重要である。

　闇雲な攻撃は自滅に陥るが、自分の間合いを確保しての攻撃こそ最大の防御となる。間合いには「先の先」「後の先」という捉え方があり、相手より早く当てなければ一本にならない。的確な間合いを確保してこそ最強の戦術になる。リスク感性を磨くことが大事なのである。

　通常の決断の場合とは異なり、リスク、特にクライシス（ターンニングポイント、決定的瞬間）に直面しての決断においては、理性以上に感性が重要になる。それは、リスクマネジメントや危機管理の局面では、情報が欠如し、時間が不足した状態で決断しなければならないからである。**相手の攻撃に対してどのような防御をするか、先にどのように仕掛けるかの瞬間的な決断を支えるのが、稽古によって体得されたリスク感性である。**リスク感性は、「防ぐ」「守る」「挑む」というリスク対応の 3 つの形態の基盤となる。

　第 1 章第 10 節で示したように、リスク感性は、**異分野交流、異文化体験、アート（芸術）鑑賞、決断についての学習**（歴史上の人物や、名経営者がリスクに直面した時にどのような決断をしたかについて学ぶ）などによって磨かれる。

　リスク感性の錬磨には、異分野交流や、アート（芸術）が役立つという考えに通じる見解が、日本拳法創始者の澤山宗海氏の『日本拳法』にも見られる。

　　　「日本拳法も、武道、スポーツ、体育といった既成の角度からだけではなく、さらに芸術、科学といった角度からも分け入らねばならない。ことに、その抽象性を求めて哲学するということは、ぜひともなすべきことであろう」（『日本拳法』340 頁）

7.　日本拳法とリスク感性②　外国文化を体験する重要性　「粋」

　本書第一部は、日本拳法の基本的な技法を、日本語だけでなく、英語とフランス語で分析している。日本の武道は、全世界で、実践されている。筆者が留学したフランスでは、特に、日本文化の摂取に熱心である。大統領だった故ジャック・シラク氏は、日本を 40 回以上訪問したが、相撲など日本文化の理解者であった。また、フランス全土で柔道が普及しているのを実感する。もちろん、日本拳法もフランスで行われている。英語圏でも同様である。

　リスク感性を錬磨する別の方法として、異文化、すなわち外国文化の体験がある。こうした意味合いから、本書第一部で取り上げた日本拳法の基本的な技法を英語とフランス語に翻訳した。外国語によってこの武道を把握することを試みたのである。その成果は、当然のことながら、日本文化に関心のある外国人、外国で日本拳法に取り組んでいる人たちに向けられている。

　日本拳法創始者の澤山宗海氏は、外国文化を体験する意義は、各国の人々が持つ「**粋**」を知るこ

とだと説明している。国際交流、外国文化体験とは、各国が交流して各々の「粋」を体験するということになる。『日本拳法』の中で用いられている「粋」という言葉は、「感性」と言い換えてもよいのではないだろうか。

　　　「欧米では日本ブームがおきているといわれている。しからば、日本の一体どこに対しておきているのか。いうまでもなく、日本の粋に対してである。決して欧米かぶれをした日本物にではない。彼らの欲しているものは、我の粋である。これはわれわれにおいても、同様にいえる。われわれが外国に求めるものは、すべて各国の粋なのである。人類は、こうして、そのおのおのの粋を持ち寄ってこそ、大和による最高の文化を築きあげることができるのである。

　　　日本拳法は、わずかに格技の一種に過ぎない。しかし、日本文化が生んだ粋として、あくまでその真の姿を守り、育てねばならない。それでこそ、国外からも受け入れられるのである」（『日本拳法』3頁）

第二部　参考文献：
関西大学拳法部七十周年記念祭準備委員会『関西大学拳法部七十年史』関西大学拳法部 OB OG 会、2001 年。
澤山宗海『日本拳法』毎日新聞社、1964 年。
心斎橋総合法律事務所　本渡諒一、仲元紹、黒田厚志、郷原さや香『日本拳法　指導者と安全配慮義務』NPO 法人日本拳法会、2010 年。
日本拳法会編、土谷秀雄著『図説　日本拳法　基本・搏撃の形』アテネ書房、2001 年。

あとがき

本書の第一部「日英仏　日本拳法の基本習得教書」では、日本拳法の具体的な技法について、日本語のみならず、英語とフランス語でも示すことによって、日本の「粋」を正しく伝えようとした。そして、私たちがリスク感性を磨く新たな道標にすることを試みた。

本書の第二部「リスクマネジメントの基礎理論」（第1章「リスクとリスクマネジメント」、第2章「リスクマネジメント　理論から見た日本拳法」）では、リスクマネジメントの基本的な考え方を概観し、日本拳法に当てはめて考察した。

こうして、本書は、防具着装を創造し、防御・安全性の思想が貫かれた日本拳法を取り上げることによって、リスクマネジメントの研究と実践に新たな視点をもたらしたと考える。

最後に、1932年の日本拳法の創始以来、日本拳法に取り組んでこられた幾多の拳士の方々に心より敬意を表する。また、リスクマネジメントの理論が日本に伝えられて半世紀、実践的な普及に尽力されてきた研究者と実務家の方々にも同じく心より敬意を表する。

本書には下表のような意義がある。本書刊行にご協力いただいた皆様、本当にありがとうございました。

2021年7月24日

亀井克之

本書の学術的・実践的意義

①	日本拳法では、防具を創造・開発し、防具を着装することにより、自由に撃ち合う乱稽古が可能となった。自由に撃ち合う乱稽古によって、どんな技が本当に危険か、どの技が本当に役立つかを認識できるようになった。そして、実際に役に立つ拳法を修得すると同時に安全意識、危害予防意識が向上した。こうした日本拳法の成り立ちに「リスクマネジメントの本質」を見出していること。
②	リスクマネジメント研究においては、これまで、「純粋リスク」と「投機的リスク」に分類することが主流であった。本書では、2012年にカプランとマイクスがハーバードビジネスレビュー誌に発表した「予防すべきリスク」「外襲的リスク」「戦略リスク」という新たな3分類法を紹介し、理論展開の基盤に採用していること。
③	医学、スポーツ医学、哲学、歴史学、倫理学、国際比較研究などの学術研究書としての、澤山宗海著『日本拳法』（毎日新聞社、1964年）の価値を見出していること。

著者・協力者紹介

■著者

亀井　克之（かめい　かつゆき）

関西大学　社会安全学部　教授
Katsuyuki Kamei
Professor, Faculty of Societal Safety Sciences, Kansai University
日本リスクマネジメント学会　副理事長・事務局長
1962 年　大阪府生まれ
1990 年　大阪外国語大学大学院　修士課程フランス語学専攻修了
1997 〜 1998 年　フランス政府給費留学生としてエクス・マルセイユ第三大学 IAE（企業経営研究院）に留学し DEA（経営学）取得
2002 年　大阪市立大学大学院　博士（商学）
1994 年　関西大学　総合情報学部　専任講師　1997 年　同　助教授　2004 年　同　教授
2005-2006 年　モンペリエ大学　経営学部　客員教授
2010 年　関西大学　社会安全学部　教授（現職）　経営学・リスクマネジメント論

日本リスクマネジメント学会理事長、日仏経営学会会長、ファミリービジネス学会理事、フランス語圏国際中小企業学会（AIREPME）副会長（日本担当）、九州大学ビジネススクール非常勤講師、大阪医科薬科大学非常勤講師、株式会社アドバンスクリエイト社外取締役、合同会社 USJ エンタープライズリスクマネジメント委員会アドバイザーなどを歴任。

[主要著書]
『バンカシュランス戦略』（訳書）（関西大学出版部, 1996 年）
『フランス企業の経営戦略とリスクマネジメント』（法律文化社, 1998 年）
『新版フランス企業の経営戦略とリスクマネジメント』（法律文化社，2001 年）（日本リスクマネジメント学会賞，渋沢・クローデル賞　ルイ・ヴィトン　ジャパン特別賞）
『基本リスクマネジメント用語辞典』（編著）（同文舘出版，2004 年）
『経営者とリスクテーキング』（関西大学出版部，2005 年）
『リスクマネジメント総論　増補版』（共著）（同文舘出版、2008 年）
『ワイン・ウォーズ：モンダヴィ事件』（訳書）（関西大学出版部，2009 年）
『リスクマネジメントの基礎理論と事例』（関西大学出版部，2010 年）
『ソーシャル・リスクマネジメント論』（共著）（同文舘出版，2012 年）
『中小企業の事業承継日仏比較研究』（編著）（関西大学　中小企業の事業承継・日仏シンポジウム実行委員会，2012 年）

『危機管理とリーダーシップ』（共著）（同文舘出版，2013 年）

『子どもの安全とリスク・コミュニケーション』（共著）（関西大学出版部，2014 年）

『現代リスクマネジメントの基礎理論と事例』（法律文化社，2014 年）

『経営学とリスクマネジメントを学ぶ　生活から経営戦略まで』（法律文化社，2014 年）

『新たなリスクと中小企業　日仏シンポジウムの記録』（編著）（関西大学出版部，2016 年）

『日本的リスクマネジメント理論の現代的意義　亀井利明最終講演の記録』（共著）（関西大学出版部，2016 年）

『市民マラソンがスポーツ文化を変えた』（共著）（関西大学出版部，2017 年）

『決断力にみるリスクマネジメント』（ミネルヴァ書房，2017 年）

『生活リスクマネジメントのデザイン　リスクコントロール と保険の基本』（法律文化社、2018 年）

Risk Management -Basic Theory and Case, Kansai University Press, 2019.

『続・市民マラソンがスポーツ文化を変えた』（共著）（関西大学出版部，2020 年）

'Cas Oikawa Denim', in Missonier et Thévenard-Puthod ed., *Transmission-reprise d'entreprise 11 études de cas*, éditions ems, 2020.（分担執筆）

『第 2 版　生活リスクマネジメントのデザイン　リスクコントロールと保険の基本』（法律文化社、2020 年）

■第一部「日英仏　日本拳法の基本習得教書」　協力

関西大学拳法部 OBOG 会・教書出版委員会

委員長：藤川良典

アドバイザー：宇野耕二　藤川義人

編集・写真：肥田玄三　五島治郎

実技・モデル：植田響　植田甫空杜　村鞘風太　福山莉央　鈴木綾華

英語：プローグレス・インターナショナル

フランス語：オガワ・アソシエイツ　小川カミーユ

日英仏　日本拳法の基本習得教書
―日本拳法に学ぶリスクマネジメント―

2021年 10 月 15 日　発行

著　者　亀　井　克　之

発行所　関　西　大　学　出　版　部
〒 564-8680　大阪府吹田市山手町 3-3-35
電　話 06(6368)1121　FAX 06(6389)5162

印刷所　協　和　印　刷　株　式　会　社
〒 615-0052　京都市右京区西院清水町 13

Ⓒ 2021　Katsuyuki KAMEI　　　　　　　　　　　　Printed in Japan

ISBN 978-4-87354-740-4　C3075　　　　　落丁・乱丁はお取替えいたします。